1年で14キロ瘦せた
医師が教える

医学的に内臓脂肪を落とす方法

医師
水野雅登

X-Knowledge

はじめに
内臓脂肪を「増やさない」&「ぐんぐん燃やす」は同時に起こせる!

２０２０年、とても大きな出来事がありました。

新型コロナウイルス（COVID-19）のパンデミックです。

そして、長期間の「自粛」が呼びかけられた結果——運動量が激減し、自粛ストレスでドカ食いし…見事に体重が爆増した、というケースが増えました。

いわゆる「コロナ太り」「自粛太り」というものです。

実際に、健康診断の診察をしていると、**多くの方の体重が増え、おなか周りも大きくなり、コレステロールが増え、尿酸値が増え……とあらゆる数値が悪化しています。**

その一方で、もともと痩せている人は逆に食欲が減ってしまい、「コロナ痩せ」をする方もいらっしゃいました。

つまり、太っている人はさらに太り、痩せている人はさらに痩せてしまった、ということです。

健診で肥満が明るみになった方は、「やめていた運動を再開しようとは思っていて……」と口にはしますが、果たしてそれで本当に痩せられるのでしょうか？

「以前の運動量」＋「以前の食事」＝「以前の体重」と考えがちですが、実際に以前の体重になるでしょうか？　残念ながら、「太ったまま痩せない」というパターンがほとんどです。

すでに皆さんの体は変わってしまいました。ですから、「以前の運動量」だけでは、痩せない体になってしまった、と言わざるを得ません。

私からの告白……

などとお話している私も、皆さんに告白することがあります。

今でこそ、こうして書籍を執筆したり、監修をしたり、ときにはメディアに出演して健康情報を発信していますが、そんな私もほんの6年ほど前には「2度肥満」という、立派な肥満体で、しかも脂肪肝でした。外来診察の際、患者さん達に「体重を落としましょう」と言うと、「先生もね！」と返されるようなありさまだったのです。

さらに、脂肪肝だけではなく、逆流性食道炎や睡眠時無呼吸症候群も発症していました。逆流性食道炎は胃酸を抑える強い薬を毎日欠かせませんでしたし、睡眠時無呼吸症候群は周囲から心配されるほどで、就寝中に息苦しさで目が覚めることすらありました。

もちろん、私も徐々に体重が増えつつあるときは、それなりに自身の健康に気をつけているつもりでした。しかも、医師にとっての「それなり」なので、一般の方よりはかなり気をつけているつもりだったのです。

当時、ダイエットの王道であるカロリー制限による減量も試しました。その結果といえば、反動でさらに太る始末でした。日々、患者さんに指導している医師なのに、この体たらくだったのです。

その後、あることをきっかけに、

1年で14kgの減量に成功し、脂肪肝も改善しました。

外出もおっくうだったのが、ずいぶんとアクティブになり、テレビやラジオのメディアにも出演し、こうして本も執筆・監修し、都内はおろか神戸、金沢、京都まで赴いて講演を行うなど、精力的に活動できるようになりました。逆流性食道炎の薬も不要になり、睡眠中に呼吸が止まることも今ではすっかりなくなり、横断歩道の信号が変わるときに駆け足をしても、息が切れなくなりました。

これからお伝えする「内臓脂肪を落とす方法」によって、私の体からは劇的に、爆速で内臓脂肪が減り始めたのです。従来のダイエットの王道であるカロリー制限では、みるみる増えていく体重にストップがかけられなかったにも関わらず、です。

本書はこれらをひも解くことで、内臓脂肪の本当に正しい落とし方をお伝えしていきます。

あなたの内臓脂肪を増やした原因は？

体脂肪がどんどん増える、いつまでも減らない、この「一番の理由」は何でしょうか？もちろん、先のような運動不足も遺伝も、影響ゼロではなく、それらから受ける影響は確実にありますが、しかしながら同時に、「一番の理由」ではありません。

内臓脂肪が増える一番の理由は、「食事」です。

日々、当たり前のように行っている食事こそが、増える体脂肪、減らない体重の原因です。さきほど、すでに多くの方が肥満しないように配慮している、とお伝えしました。当然ながら、その配慮の筆頭にきているのは、毎日の食事だと思います。

しかし、実際には先にお伝えしたとおり、日本全体で肥満は増加しています。ということは、**太らないためにこれまで当たり前に行われてきた方法は、あまり肥満防止効果が期待できない、という残酷な真実が見えてきます。**

「食事」をどのようにしたら、脂肪が増え続けることを止め、減らない体の脂肪を減らすことができて、健康になれるのか？　もっといえば、病気とずっと無縁になれる栄養のとり方はどのようなものか？

本書ではその実現に向けて、ただのハウツーにとどまらず、

内臓脂肪が増える体の反応
内臓脂肪がどんどん燃える体の反応

これについて詳しくお伝えしていきます。

なぜなら、「食事を減らすだけ」、「〇〇をやめるだけ」、「〇〇を食べるだけ」では、内臓脂肪を落としたり、減らしたりすることができないからです。それは、本書を手にとっていただいた皆さんの多くが、すでにお気づきのことかもしれません。

皆さんの体に内臓脂肪がたくさんついてしまったのは、知らず知らずのうちに「内臓脂肪が増える体の反応」を起こし続けてきたからです。

そして、それが減らないのは、「内臓脂肪が燃える体の反応」がまったく起きていないからです。

まずは、この2つの反応がどういう仕組みで起こるのかを理解することが欠かせません。その上で、内臓脂肪をこれ以上増やさないためにどうすればよいのか、内臓脂肪をこれからどんどん燃やして減らすためにはどうすればよいのかについても、ご紹介していきましょう。

本書でお伝えする食事法は、単に「内臓脂肪を減らす」といった効果に留まりません。むしろ、内臓脂肪を減らすのは、途中経過に過ぎません。「健康状態を向上させる」途中の小目標です。

本書で説明する方法を行えば、内臓脂肪を落としつつ、同時に糖尿病や高血圧の改善も期待できます。

従来の治療では、高血圧も糖尿病も生涯にわたって、薬を飲み続ける必要があります。特に、糖尿病は通常、インスリンを打ち始めたら一生やめられませんし、打つ量や回数がどんどん増えるケースがほとんどです。

しかし、**本書で説明する方法を実践することで、何人もの方が、実際に服薬が必要なく**

なったり、インスリンの自己注射を卒業できたりしました。通院すら卒業し、年に1回の健康診断のみになった方も何人もいらっしゃいます。従来の治療では、考えられなかった効果です。それについての詳細は、拙著『薬に頼らず血糖値を下げる方法』（アチーブメント出版）にも記しました。

もちろん、この私の患者さんたちは生活習慣病が改善するついでに、内臓脂肪も減りました。内臓脂肪は、健康を向上させるその「ついで」に自然と減っていくものなのです。

ここまでお伝えすると、従来の国や医師が行う「健康的な食事の指導」や「従来治療」について、不信や怒りを覚える人もいるかもしれません。「今まで推奨されていた食事を、医者の言うとおりにしてきたのに！」と。

しかし、24時間、365日つきっきりではない医師は、そのお手伝いしかできません。健康を取り戻し、向上させるための「主人公」は、自分自身です。だからこそ、自分だけが、その状況を変える力を持っています。他力本願では、まったく状況を変えることはできません。

現代では、各種のサイトやSNSが発達し、そこから役立つ情報を集めて実践すれば、すでに「自分の健康は自分で守る」ことができる状況となっています。

とはいえ、ネットの情報は、非常に玉石混交…というよりほとんどが「石」ばかりです。

そのために、皆さんにとっての「玉」となるよう、私がこれまでに患者さんたちと磨き上げてきた、確かな効果がある内臓脂肪を減らす食事法を本書に記しました。

今こそ、あなたが主人公となり、あなた自身の健康を取り戻すときです。本書を道しるべに、今日から始めていきましょう。

この本では次の2つの方法で
内臓脂肪を体から落とします！

内臓脂肪の燃焼
START

内臓脂肪の増加
STOP

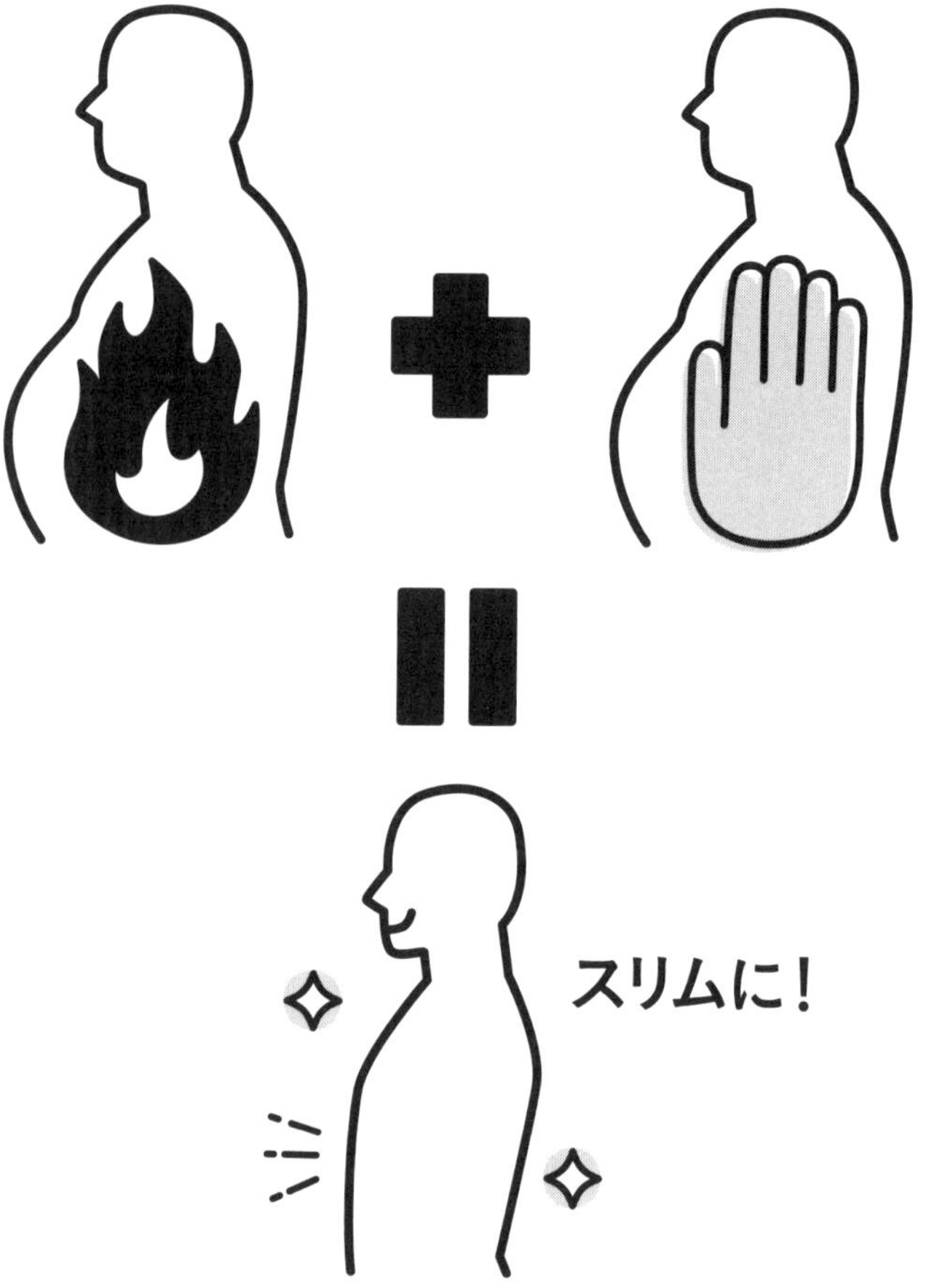

目次

第1章

内臓脂肪を増やす真犯人

内臓脂肪を増やす「体の反応」とは？

第2章

誰も知らない3種の脂肪の話

種類が違うと、つく理由と落とし方も違う⁉

第3章

内臓脂肪を増やさない方法

「内臓脂肪が増える体の反応」をなくす

第4章

「内臓脂肪が燃えない体質」になる理由

脂肪を燃やすサイクルを動かす栄養素とは

第5章

内臓脂肪を増やすNG食習慣

「当たり前」「バランスが良い」が危ない!?

第6章

カロリーに縛られているうちは痩せない

時代遅れの指標は捨てて「PFC量」へ！

第7章

内臓脂肪が減らない運動、減らす運動

やればやるほど「脂肪が増える体質」になる運動とは？

第8章

内臓脂肪を落とす&減らす「タンパク脂質食」

14kg減量に成功したおなかいっぱい食べられる最強食

第9章

内臓脂肪を落とすための考え方

考え方が変われば、行動も変わる

第10章

内臓脂肪を増やさないパンデミック対策

感染力を高めながら脂肪も落とす！

デザイン　田中俊輔（PAGES）

編集協力　木村直子

イラスト　マツ

カバー・総扉写真　©iStockphoto.com/erdikocak

印刷　シナノ書籍印刷

第1章

内臓脂肪を増やす真犯人

内臓脂肪を増やす「体の反応」とは？

肥満は日本全体、そして世界の問題

さて、肥満について、日本全体の現状はいったいどういう状況にあるのでしょうか？まずはそこからひも解いてみたいと思います。

厚生労働省「国民健康・栄養調査（令和元年）」によると、20歳以上の人の肥満の割合は、男性で33％、女性で22・3％となっています。

最近では、20～30代の高度肥満（BMI30以上）が増えていることも、問題視されつつあります。さらに、子どもですら肥満やメタボが増加傾向にあるそうです。

これは世界各地でも問題になっており、未成年の肥満は全世界で1億2400万人以上と言われています。

（参考：ＢＢＣニュース　https://www.bbc.com/japanese/41577945）

体脂肪に関連して、糖尿病も単に個々人の問題ではなく、社会問題になってきています。「糖尿病が強く疑われる患者」は、２０１６年には推計１０００万人を突破しています。

日本透析医学会が２０１９年に発表した調査によると、慢性透析患者の原疾患で最も多いのは糖尿病であり、その数は13万人を超えているとのことでした。

糖尿病は透析を導入する原因の第一位であり、失明の原因の第三位でもあります。さらに、認知症やがんなどにも関連があると考えられるようになってきました。

これらの事実は、あなたや身近な人だけではなく、日本だけでもなく、さらに世界的な問題にすらなってきています。

なぜ大問題なのか？

皆さんや周囲の方々も、日々、体に脂肪がつきすぎないように自分なりに「気をつけて」いる方がほとんどでしょう。ときどきハメを外すことはあっても、おおむね、普通の食事をしていることと思います。それでも、内臓脂肪が増え続けていくのは、いったいなぜなのでしょうか？

「そういえば少し運動不足だったかも？」

そう思う方もいるかもしれません。しかし、運動不足は関連があっても、一番の原因ではありません。

「家族や親族も太っているから遺伝なのかも。仕方ないよね」

そう思う方もいるかもしれません。確かに、遺伝的な要素で「ものすごく太りやすい人」は、いるかもしれません。

最近では「肥満遺伝子」についても、いろいろとわかってきたことがあります。

肥満遺伝子は、エネルギーの代謝に関連する遺伝子です。興奮すると分泌されるホルモンの「アドレナリン」などに関連した肥満遺伝子が有名です。その遺伝子のタイプによっては、代謝が低下し、太りやすくなります。現在では、50を超える関連遺伝子が発見されています。

その一方で、一般的には肥満の原因は「遺伝が3、環境が7」といわれています。つまり、**特殊な遺伝子異常がない場合には、環境による影響が大半、ということです。皆さんや周囲の方々が肥満の状態なら、遺伝以外の影響の方が大きい可能性が高い、ということです。つまり、改善できる可能性が高いのです。**

肥満遺伝子は環境の影響が大きい――。
つまり、内臓脂肪が増えたことも、環境によるところが大きいということがいえます。あなたが知らず知らずに選んだ環境が「内臓脂肪を増やす体の反応」を起こし、「内臓脂肪が燃えない体の反応」を作っている可能性が高いということです。

いったい、どんな環境が内臓脂肪を増やし、何が内臓脂肪を減らすのか。
そもそも内臓脂肪とは何で、体の中でどんな働きを行っているのか？
次から、まずは、そんな内臓脂肪の正体について、深堀りしていきましょう。

内臓脂肪を増やす主犯は、脂質ではなく糖質

最初に答えを言ってしまうと、内臓脂肪が「増える要素」の最大の原因は、実は「糖質摂取」です。

「え？　脂肪だから油じゃないの？」と不思議に思われるかもしれませんが、実は、**内臓脂肪を増やす主犯は、糖質なのです。**

糖質が摂取されると、体は肥満ホルモンとも呼ばれる「インスリン」を大量に分泌し始めます。このインスリンの作用によって、摂取したものがすべて太る方向に向かってしまうのです。

これが、「内臓脂肪が増える体の反応」の正体です。

「内臓脂肪が増える体の反応」はこれ！

逆に、高カロリーのものを摂取していても、インスリンがほとんど出ていない状況なら、太りたくても太れません。そのように私たちの体ができているからです。

糖質をとり過ぎなければ、高カロリーのものを食べても太らないのです。

この理屈が理解できると、いまだに幅をきかせている「カロリー理論」が、いかに意味

「内臓脂肪が増える体の反応」はコレ！

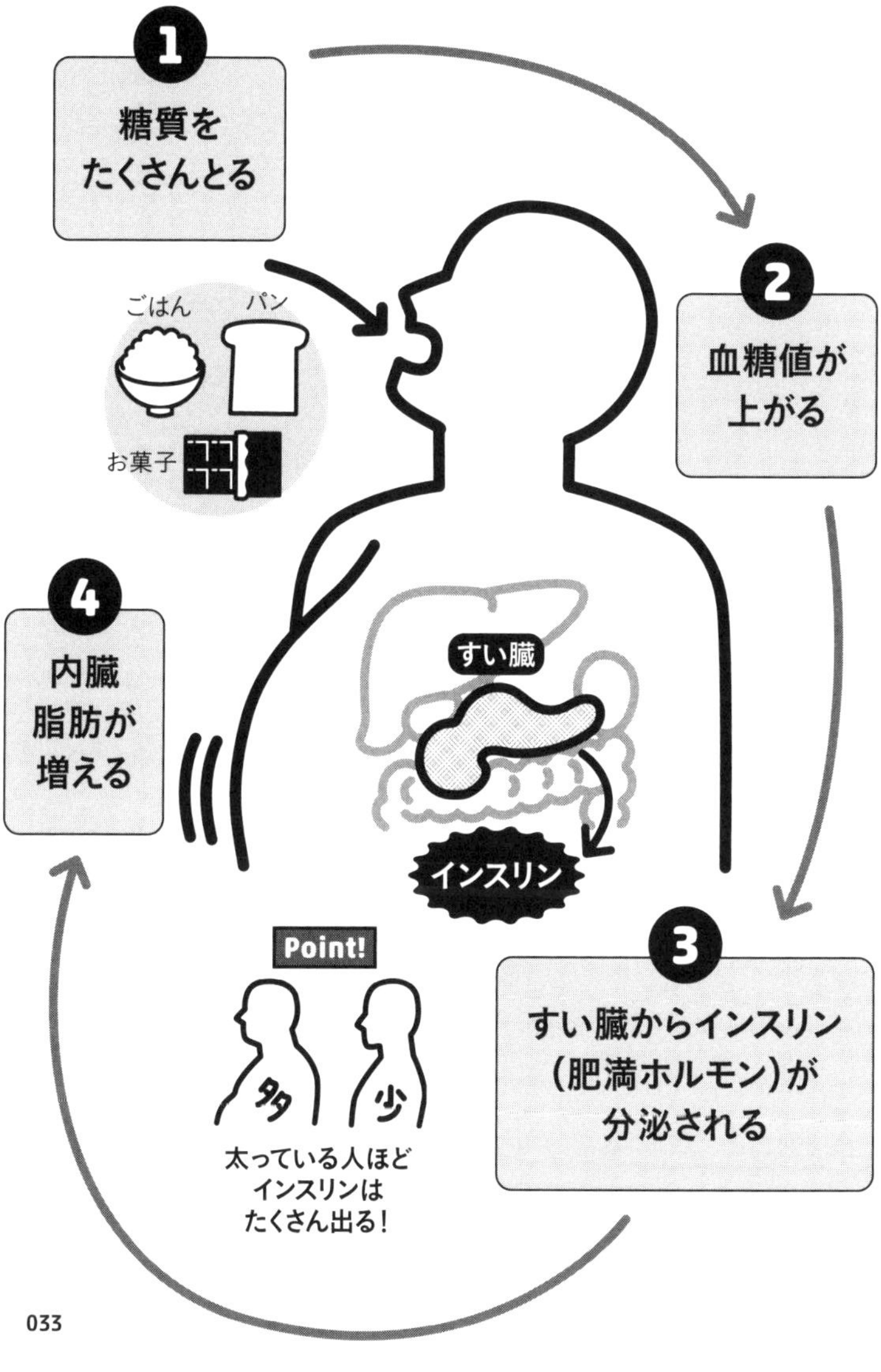
1
糖質をたくさんとる
ごはん
パン
お菓子
2
血糖値が上がる
すい臓
インスリン
3
すい臓からインスリン（肥満ホルモン）が分泌される
4
内臓脂肪が増える
Point!
多
少
太っている人ほどインスリンはたくさん出る！

がないか、よくわかるかと思います。

私たちの体は、酵素による代謝やホルモンなどによって、24時間、常に調整されています。酵素代謝もホルモン調節もまったく考慮に入っていないカロリー理論は、一昔前の古い考え方です。

糖質を大量にとらなければ、インスリンも大量には分泌されません。糖質を控えることで、「内臓脂肪を増やしてしまう最大の要因＝大量のインスリン」を避けることができます。

アナタが知らないインスリンの秘密

内臓脂肪を増やす真犯人であるインスリンについては、その重要性とは反比例して、あまりよく知られていません。私がメディアに出演するときは「視聴者の方にピンと来ないのでインスリンという単語なしで説明してください」と言われることさえあるくらいです。

しかし、**健康的に内臓脂肪を減らすためには、インスリンに関する理解は必須です。**基本的なことを知らずに、「コレだけすればいい」は必ず失敗します。個人差や、個別の状況に合わない場面が必ず出てくるからです。

本書もできるだけ多くの人に通用することを書いていますが、それでも全員に完全に当てはまるわけではありません。

自分に合わせて調整するには、「単純なノウハウ」以前の基礎的な事項の理解が大切になってきます。

そのためにも、ここでは「アナタの知らないインスリンの秘密」について、詳しくお伝えしていきましょう。

糖質以外はインスリンを出すの？

糖質を摂取すると、インスリンが分泌される。

これについては、理解が進んだことでしょう。では、それ以外の栄養素についてはどうでしょうか？　タンパク質や脂質はインスリン分泌を増やすのでしょうか？　それぞれ、個別にみていきましょう。


タンパク質でインスリン分泌は増えるのか？　これは端的に言えば、「増える」です。

とはいえ、当然ながら、糖質を摂取した時ほどインスリン分泌は増えません。

人の体には、タンパク質や脂質を材料として、体のエネルギーとなるブドウ糖を作り出す「糖新生」という働きがあります。長時間、糖質が摂取されず、肝臓内に蓄えたブドウ糖も使い果たしたときに働くシステムです。

この糖新生によって、タンパク質は体内で糖質に変わりますが、その糖質を細胞の中に取り込むためには、多くの細胞ではインスリンが必要です。このため、糖新生によって糖が作られると、そのレベルに応じたインスリン分泌が起きるのです。
とはいえ、糖新生は「わざわざエネルギーを消費して」、体に大切なタンパク質から糖を作り出す代謝です。このため、精製された糖質を大量にとったときのように、血糖値がガンガン上がることもありません。インスリンが超大量かつ一気に分泌されることは、通常はありません。

また、それ以外にも、タンパク質やアミノ酸自体がインスリン分泌を刺激することがわかっています。筋トレをよくしている人などは、アミノ酸の一種である「ロイシン」がインスリン分泌を増やし、筋肉の合成を促すことが知られています。また、ホエイプロテインの「ホエイ」自体も、インスリン分泌を増やします。

また、**内臓脂肪が多い人は、インスリンの効き目が少ないことが知られています。つまり、同じ量のタンパク質をとったとしても、内臓脂肪が多いと大量にインスリンが分泌されてしまう、ということです。**
例えば、鶏のささみだけをとったとしても、内臓脂肪が多い人の場合は大量にインスリンが分泌されてしまいます。このために、「太っているほど、痩せにくい」という皮肉なパラドックスが生まれます。

内臓脂肪が多いと、糖質の摂取時だけではなく、タンパク質の摂取時にすらインスリンが大量に分泌されてしまうのです。そして、この大量のインスリンは体脂肪を増やし、脂肪の燃焼を完全にストップさせます。

つまり、太っていると「痩せるために痩せておく必要がある」といったジレンマがあるということです。

これを突破するために、太っている人のダイエットは、エネルギー量自体を制限する場合が多いのですが、この効果はすぐになくなります。つまり「最初は体重が減ったけど、止まった」という、ありがちな事態となります。

なぜなら、エネルギーの摂取量を減らすと、エネルギーの消費量も減ってしまうからです。こういう点から考えても、カロリー制限によるダイエットは、まったくおすすめできません。代謝が下がり、さらに太りやすい体になってしまいます。

断食のように、エネルギーの摂取量をもっと減らした場合には、さすがに体脂肪も体重も減ります。しかし、この場合には、同時にタンパク質も分解されてしまうので、タンパク質量が足りない場合には、筋肉が減ってしまいます。タンパク質は、必要量をとることが必須です。

脂質でインスリン摂取は増えるの？

糖質を含まない「純粋な脂質」のみを摂取した場合には、インスリン分泌は増えるのでしょうか？　端的な答えは「ほぼ増えない」です。

ただし、色々な条件が重なることで、ごくわずかにインスリン分泌が増える可能性はあります。

というのも、糖新生は先にお伝えしたとおり、タンパク質だけでなく、脂質の一部も材料にして起きることがあるからです。その反応の影響で、タンパク質による糖新生と同じ理由でインスリンが分泌されます。

ただ、これだけでは「インスリン分泌が増える」といえるレベルの糖は作り出されません。しかし、内臓脂肪がたっぷりついた体だったり、少量の糖質を含む脂質をとった場合には、そのあわせ技でインスリン分泌が顕著に増える可能性はゼロではありません。

あくまで理論上は、条件が重なれば可能性がごくわずかにある、といったレベルの話です。

とはいっても、そのような事態は非常に限定的なので、基本的には「純粋な脂質」のみをとった場合には、インスリン分泌は増えないと理解しておきましょう。

タンパク質、脂質をとったときの体の反応
～肥満スイッチは入る？　入らない？～

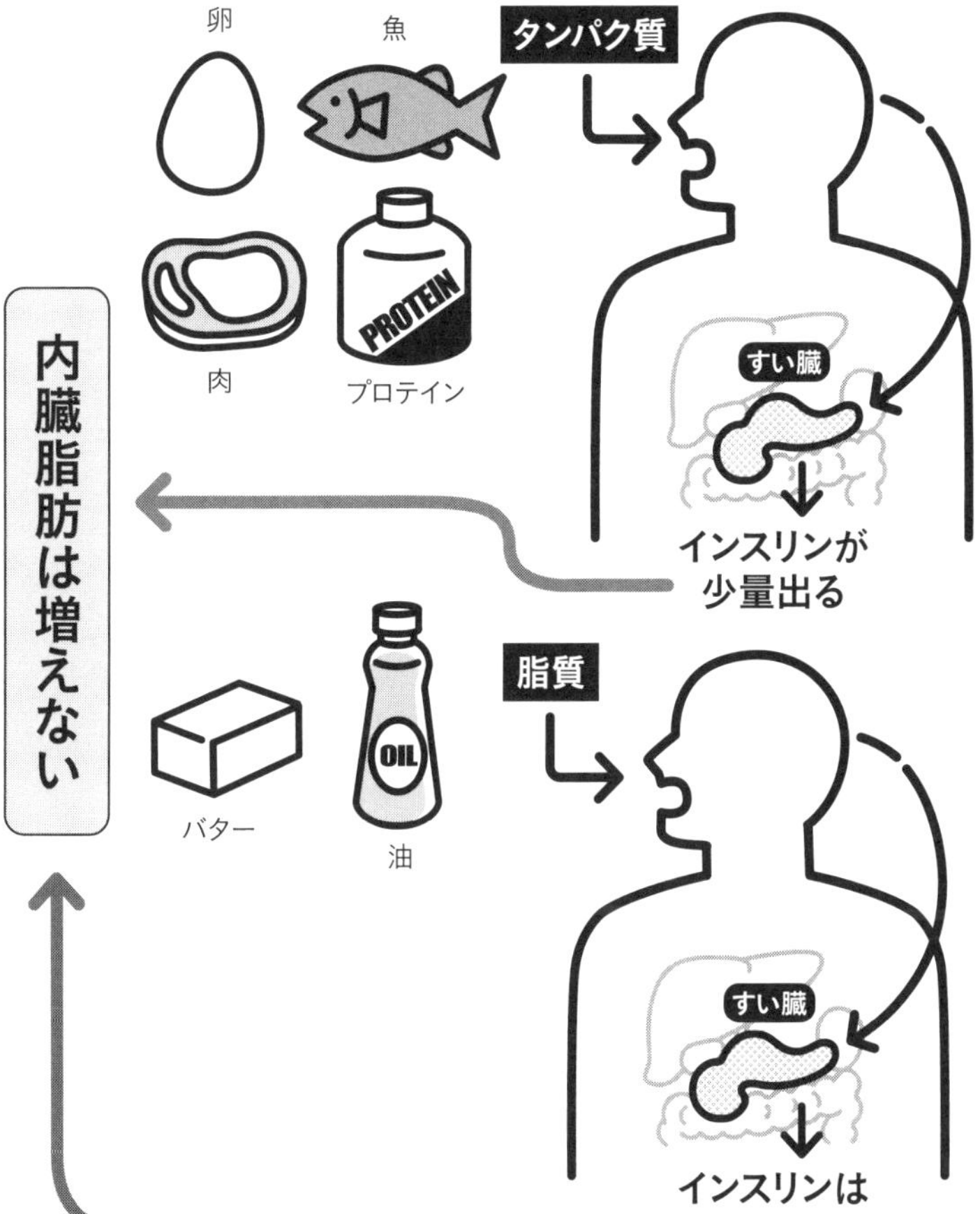

肥満ホルモン（＝インスリン）が、ゼロなら？

さて、前述の文章で「肥満ホルモンであるインスリンがほぼ出ていない状況なら」という一節があったことに違和感を覚えた人もいるかもしれません。

「肥満ホルモンなんて、【ほぼゼロ】ではなく【完全にゼロ】の方がよいのでは？」

「太って健康を害するホルモンなんて、なくていいのではないか？」

などです。

では、本当にインスリンがゼロの状態になると、私たちはどうなるでしょうか？

実は、**体内のインスリンがまったくのゼロの場合、数時間で体調を崩し、1日程で意識不明の重体となり、さらにその状態が続けば確実に命を失います**。そうです、インスリンが「完全にゼロ」の状態になると、私たちは、わずか数時間で体調を崩し、1日かそこらで命を失ってしまうのです。

そのため、インスリンは24時間、常に少量が血液中に存在しています。この分のインスリン分泌を「基礎分泌」と呼びます。食後に追加で分泌されるインスリンは「追加分泌」と呼ばれます。わかりやすいですね。

常に少量出ているインスリンの基礎分泌が、人間が生きるのに必須かつ最低限必要なインスリンの量です。

そして、たとえ一切の糖質摂取を控える「断糖」をしても、食後のインスリン追加分泌がないとやはりインスリン不足となり体調を崩してしまいます。インスリン不足の症状は、具体的には体重減少、食欲減退、吐き気や嘔吐などです。

なぜそんなことがわかるのかというと、実際にそういった人たちがいるためです。

例えば、糖尿病。私たちが一般にイメージする糖尿病は、2型糖尿病です。食事や内服薬でコントロールしている、というのはすべて2型糖尿病ということになります。

一方で、インスリン注射が生きるうえで絶対的に必須な方々もいます。それが「1型糖尿病」の患者さんです。とはいえ、現在は1型糖尿病自体の診断基準がなく、インスリンが必要のない方も1型糖尿病と診断されてしまっている現状があります。

「1型糖尿病」という場合には、インスリンが自分のすい臓からまったく出ません。つまりそのままだと、体内のインスリンがゼロの状態になってしまいます。

1型糖尿病の患者さんがインスリンを打たなかったり、打ちそびれたり、インスリンの必要量が増えている状態で体調を崩してしまうのは、まさにインスリン不足だからです。

また、最低限必要な量を下回った場合もそれに近い状態となり、やはり命の危険が高まります。

インスリンが不足している状態で体調を崩して入院をしても「インスリン注射を打たずにがんばってみる」という人を何人も診ましたが、やはりまったく体調が改善しませんでした。体が酸性になってしまうので、アルカリ性になる薬剤や、代謝を改善するために各種のビタミンなどを投与しましたが、まったく改善されませんでした。

一方で、インスリン製剤の投与を行うと速やかに改善が見られました。

このように、自分のすい臓から必要な量のインスリンを分泌することができない場合には、外からインスリン製剤を投与する必要があります。

以上のように、どんな人でも、インスリンの基礎分泌の量は、生きていくのに最低限必要ということです。人体に欠くべからざるホルモンだからこそ、わざわざ体内で作っているのです。

インスリンは「体を作るホルモン」

では、インスリンは「太る」以外に何をしているのでしょうか？

インスリンは血糖値を下げるホルモンとして知られています。インスリンが作用すると細胞の中に血液中のブドウ糖が取り込まれます。これによって血糖値が下がります。この

「血糖値を下げる」という働きのように、「細胞内にエネルギー源を取り込んで蓄える」というのがインスリンの働きです。

分解するのを「異化」、作るのを「同化」と言います。このような体を作る働きを「同化作用」といい、この働きを持つホルモンを「同化ホルモン」と呼びます。インスリンは同化ホルモンの一種類ということですね。

有名な成長ホルモンなども同化ホルモンです。また、ドーピングで有名な筋肉を作る作用のある「アナボリックステロイド（蛋白同化ステロイド）」や、前に述べた性ホルモンのテストステロンやエストラジオールなども同化ホルモンです。

インスリンが体を作るホルモンの1つ、というのがわかったかと思いますが、「体を作らなくてもすぐに体調を崩したりしないよね？」という疑問が浮かぶかもしれません。

それはそのとおりで、先にお伝えしたような「インスリンがゼロ状態だと、たった数時間で大きく体調を崩し、1日程度で命さえ失う」という事実の説明にはなりませんね。

なぜ、インスリンがゼロ状態だと、そんなに早く影響が出るのでしょうか？

それは、体を作るという働きの一つ前の「血液中のブドウ糖（＝血糖）を細胞内に取り込む」という作用に理由があります。

インスリンによって、細胞内にエネルギー源を取り込むことができます。つまり、逆にいえば、インスリンがないとエネルギー源であるブドウ糖を細胞内に取り込めなくなるということです（脳、肝細胞、赤血球、腸粘膜などはインスリンなしでブドウ糖を細胞内に取り込むことができます）。

こうなると、早々に細胞内がエネルギー不足になってしまい、わずか数時間で体調を大きく崩す、といった事態になります。

私が常に言っていることの1つに「特殊な状態を除けば、糖質をとる必要はない」というものがありますが、これは「口からとる必要がない」ということです。

ところが、血液中にもブドウ糖が完全にゼロだと、どんな人でも命を即座に失います。血糖値ゼロで生きていられる人はいません。糖質は口からとる必要はまったくありませんが、体内に存在する必要はあるのです。

なお、糖質を口から摂取する必要がある「特殊な事態」とは次のような場合です。

〈糖質摂取が必要な特殊な事態〉

①異化状態（消耗性疾患、炎症など）

※異化とは体を分解する方向のこと。逆に体を作る方向のことを「同化」といいます。

②痩せ過ぎている（糖質以外のエネルギー＝タンパク質と脂質が不足）
③肝不全（血糖を作る工場がおやすみ）
④高度な腎不全（脂質の摂取制限はないものの、タンパク質の摂取が制限される）
⑤特殊な代謝異常症（長鎖脂肪酸代謝異常症、尿素サイクル異常症など）

これらの場合には、糖質を状態に合わせた量、摂取することが必要です。

メタボの原因は脂質じゃない！

内臓脂肪が問題視されるようになった大きなきっかけは、「メタボリックシンドローム」がメディアで取り上げられたり、各種の健診がさかんに行われるようになったことでした。そのメタボリックシンドロームの現在の診断基準は、複数の学会で定められたものが日本では広く用いられています。

その診断基準は、次の2段構えになっています。

・ウエストのサイズが大きい

という「必須の基準」に加えて、

●ウエスト周囲径 男性≧85cm、女性≧90cm

上記に加え以下のうち2項目以上

●高トリグリセライド血症 ≧150mg/dL　かつ/または

低HDLコレステロール血症 <40mg/dL(男女とも)

●収縮期血圧 ≧130mmHg　かつ/または

拡張期血圧 ≧85mmHg

●空腹時高血糖 ≧110mg/dL

メタボリックシンドロームの診断基準　8学会策定新基準(2005年)より引用
(https://www.mhlw.go.jp/bunya/kenkou/seikatsu/pdf/ikk-j-07.pdf)

・脂質の血液データ異常
(高い中性脂肪値、低いHDLコレステロール値)
・高血圧
・高血糖

このうち2つを満たしたものが、一般的には使用されています。

数値込みの診断基準は上のとおりです。

なお、他の基準を満たしていても「ウエストのサイズが大きい」という必須の基準を満たしていない場合は、メタボリックシンドロームではありません。

健診をしていると、しばしばそういう方もいらっしゃいますが、この基準からいえばメタボリックシンドロームではありません。ただし、健康かどうか？　といえば、やはり不健康です。このため、何らかの改善をするとよいでしょう。

また、ウエストが大きいという必須の基準を満たし、その他の項目を1つだけ満たした場合は、「メタボリックシンドローム予備軍」とされています。

この診断基準は8つもの学会が策定しただけあり、国内では最もメジャーな基準です。市区町村で行われている特定健診などの判定も、この基準を使用しています。

なお、「LDLコレステロールの基準値がない」ということは、頭の片隅に置いておくとよいでしょう。LDLコレステロールは、一般にメタボリックシンドロームの構成成分とは考えられていないということです。

それを示す証拠がないということですね。

また、この基準の策定に参加しなかった学会の先生などから「各臨床学会が閉鎖的な委員会で、利益相反の強い委員により決められた非科学的基準が持ち寄られただけ」という意見もある点も、本書を読むような皆さんであれば知っておいて損はないでしょう。国内だけでなく、海外からの批判的な意見もあるほどです。

（参考：http://jsln.umin.jp/pdf/guideline/To_Dr_Imamura-110202.pdf）

さて、基準の是非はさておき「実際に現場で診療している側」からすれば、メタボ基準に該当している方は、やはり不健康になっていたり、なりつつあったりしています。というのも、基準に引っかかった場合は、他の健康面にも影響が出ているという点で、単なる肥満から次の状態に進んでしまっているためです。

メタボ基準の中身とその意味するところ

次に、基準の中身をみていきましょう。

ウエストのサイズが大きいのは、内臓脂肪が多い、ということです(筋肉が発達している場合は除きます)。

中性脂肪の高値は、糖質をとり過ぎており、しかも処理が追いつかなくなっている兆候です。

低HDLコレステロール値は、体の各所に配ったコレステロールを回収しきれなくなっている、ということを示します。HDLコレステロールの役割は、体の各所からのコレステロールの回収です。なお、回収したコレステロールは肝臓に運ばれて、各種の処理に回ります。

高血糖は、まさに糖質のとり過ぎによって、糖質を処理しきれなくなっている、ということを示しています。

メタボの状態やそれに類する状態では、体の各所で対処が追いつかなくなり、悲鳴を上げているのがおわかりになったでしょうか？

メタボは、単に見た目に太っているというだけではなく、すでに健康を害している状態になりつつあるということです。

メタボの原因は？

一般的には、メタボの原因は内臓脂肪にあると言われています。そして、内臓脂肪が増加するのは「一般的には」、食べ過ぎや運動不足が原因とされています。

そのため、厚生労働省が提供している健康情報サイト「e－ヘルスネット」には、メタボの解消について、次のように記述されています。

「その基本戦略は、内臓脂肪の蓄積の改善であり、主な対処法は食べ過ぎと運動不足を解消することとなります」

（参考：https://www.e-healthnet.mhlw.go.jp/information/metabolic/m-03-001.html）

これについて、大枠では私も同意しています。

ではその詳細についてでは、どう説明されているのでしょうか？

例えば、こうです。

「日常生活の運動量の減少&食生活の欧米化によって牛乳、乳製品、肉類など動物性脂肪が多い食事に変化」

←

「対策は、魚や野菜などをバランスよくとり、よい脂質(不飽和脂肪酸)を多く、大豆などの植物性タンパク質を摂取」

このような説明は、皆さんも一度といわず、何度か目にしたことがあるでしょう。「食の欧米化がよくない」「動物性脂質がよくない」という一方で、「魚や野菜はよい」「大豆製品はよい」といった内容です。

なお、不飽和脂肪酸をとることは、私も健康を維持・増進する効果があると考えています。

「食の欧米化がよくない」というのも色々な所で目にしたことがあるフレーズです。その内容は、「牛乳、乳製品、肉類をとることになった」というものです。

なかでも、「動物性脂質はよくない」という指摘は至るところで目にします。「脂肪悪玉説」と同じくらい根強いのが、この「動物性食品悪玉説」です。

この2つを合体させたような考えが「動物性脂質がよくない」というものです。「動物性」＋「脂質」ということで、「そりゃ体によくないでしょう！」という感じです。

しかし、それは本当でしょうか？

「動物性脂質がよくない」というデータ・論文は山ほどあります。そして、今後も山ほど新しく発表され続けることでしょう。しかし、それはどれも「主食を1日3食、とっている」状態でのデータです。現在のところ、糖質を1食20g以下にして、動物性脂質のメリット・デメリットを適切に評価したデータはほぼありません。

そしてそのようなデータの元になっている「糖質と脂質を両方とる」という場合こそ、注意が必要な状態です。

脂質単独で摂取しても、内臓脂肪は増えない！

先に説明したとおり、脂質だけを摂取した場合には、肥満ホルモンであるインスリンの分泌が促進されることはないので「内臓脂肪を増やす体の反応」は起こりません。だから、太ることはないのです。

つまり、メタボリックシンドロームの原因は脂質ではなく、糖質ということになります。

脂質だけを摂取した場合、とりすぎた分はそのまま体外に出ていきます。腸から吸収されません。大量に脂質を単独でとった場合には、下痢をするだけです。

ところが、カロリー理論では脂質単独でとっても、体のエネルギーになるような計算になってしまいます。

そのため「高カロリーのアブラを食べたら太る」と、長年にわたっていわれ続けていましたが、実は、これはまったくの間違いだったのです。カロリーについては、後ほど詳しくお伝えします。

繰り返しになりますが、太るのは「太るホルモン」が出ているときです。太るホルモンとは、ご存じインスリンのことです。インスリンの本質である、エネルギーを蓄える働きによって、血液中の糖が細胞の中に入っていき、血糖値が下がります。インスリンがあると、体内に入った脂質は、体脂肪として蓄えられることになります。

そして、**脂質を単独で摂取した場合には、インスリンはほぼ増加しません。このため、吸収された脂質はエネルギーとして蓄えられないので体脂肪とはならず、エネルギーに変換されます。**

体内に吸収された脂質は、「脂肪酸」という大きいサイズのものと、「ケトン体」という小さいサイズのものになります。脂肪酸もケトン体も、インスリンが血液中に少ない状態であれば、共にエネルギーになります。

「代謝の妙《みょう》」は、まさにこういったところにあります。

同じ量の脂質を摂取しても、インスリンが分泌されるかどうかで、内臓脂肪が増えるか、増えないかには、大きな違いが出るのです。

いくら火をつけて燃やして「カロリー」という数値を決めても、まったく無意味なのがわかるかと思います。

糖と脂質の同時摂取で、内臓脂肪は増える

3大栄養素（タンパク質、脂質、糖質）の2つの組み合わせのうち、最も太るのが、この「糖と脂質」の組み合わせです。

前述のように、糖質の摂取でインスリンがドバっとすい臓から分泌されます。すい臓は血糖値の上下を感知しており、血糖値上昇があるとインスリンを分泌します。

そして、**多量のインスリンがあるうちは、インスリンの「エネルギーを蓄える」働きによって、糖と共に脂質も蓄えられることになります。**

この働きによって、体脂肪が増え、内臓脂肪が増えるのです。

逆に、体脂肪、内臓脂肪を減らすには、糖質を減らすことが第一に必要です。

糖質をとっている限り、インスリンが大量分泌されます。そして、インスリンがある間に食べたものは、その働きによって、見事に体に蓄えられます。

最大最強の「内臓脂肪が増える体の反応」を起こす「糖質+脂質」の同時摂取！

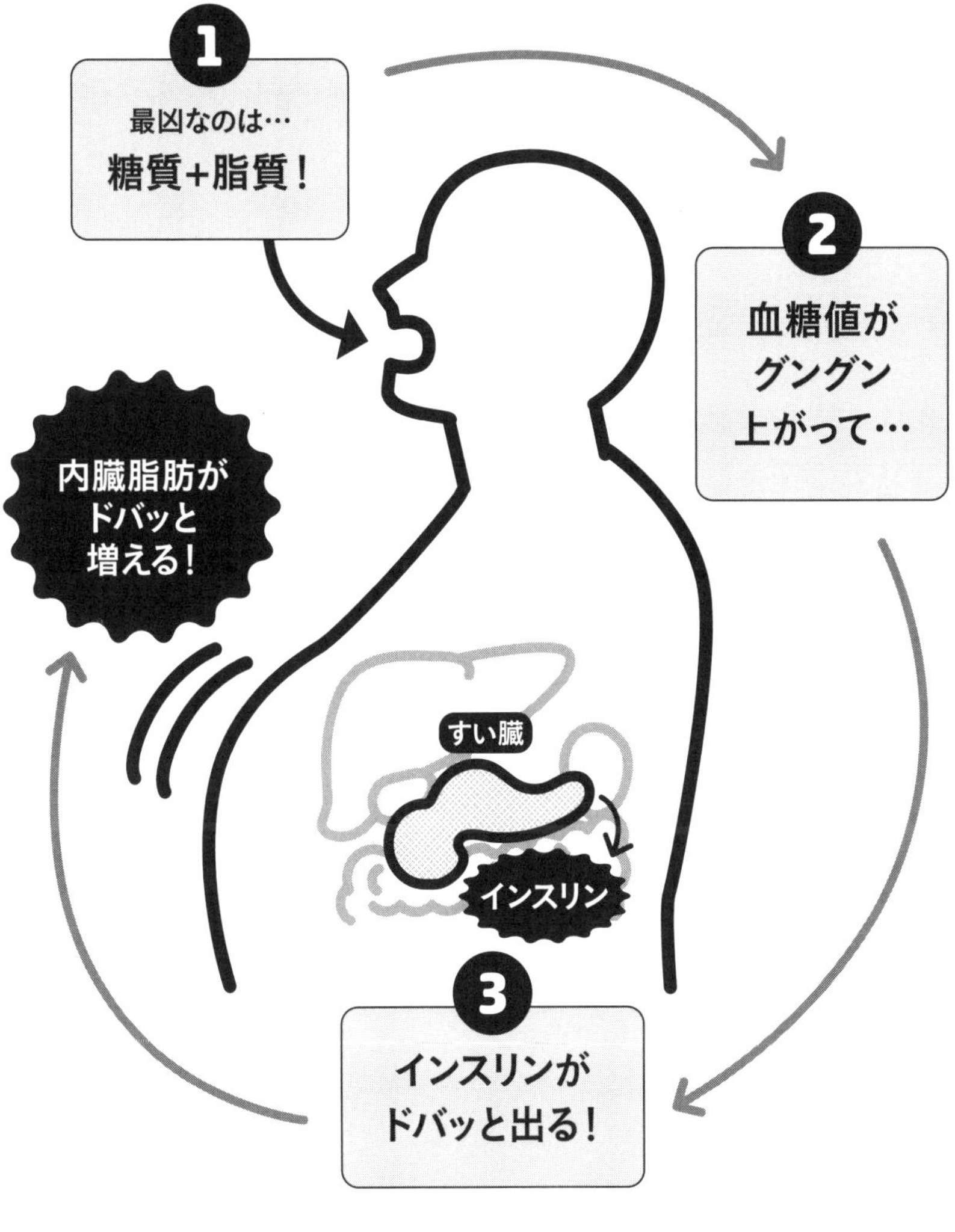
1
最凶なのは…
糖質+脂質！
2
血糖値が
グングン
上がって…
すい臓
インスリン
3
インスリンが
ドバッと出る！
内臓脂肪が
ドバッと
増える！

第2章

誰も知らない3種の脂肪の話

種類が違うと、つく理由と落とし方も違う⁉

3種類の体脂肪、それぞれの落とし方

一口に「体脂肪」といわれてはいますが、実は、体脂肪は3種類に分類されます。
そして、それぞれが増える原因や、減らすための対策には違いがあるのです。
まず、3種類の体脂肪について、説明していきましょう。

第1の脂肪：皮下脂肪（皮膚の下の脂肪）

皮膚のすぐ下にある脂肪が、「皮下脂肪」です。

おなかの皮下脂肪を見分けるのは簡単です。腹筋に力を入れた状態でぷるんぷるんしていて、指でつかめるのが皮下脂肪です。つかめない部分の体脂肪は、他の脂肪です。

健康面の悪影響はほとんどない、と考えられており、「良性脂肪」ともいわれることがあります。一方、内臓脂肪は健康によくない影響を及ぼすため、「悪性脂肪」ともいわれることがあります。

皮下脂肪の役割は、「エネルギーを蓄える」ことです。つまり、貯蔵用のエネルギーなので、食べ物からのエネルギーなど、他のエネルギーがある場合には使われません。

つまり、皮下脂肪は「落としにくい」体脂肪といえます。また、皮下脂肪がつく場所も、落としにくいと言われる場所です。おなか周りや二の腕、顔周り、背中周りです。

皆さんも、皮下脂肪の落ちにくさは経験したことがあるかもしれません。

皮下脂肪の落とし方

「サウナやマッサージで皮下脂肪が落ちる」と思っている方もいるかもしれません。しかし、残念ながら、それらの方法で皮下脂肪が落ちることはありません。

水分やむくみが減ったりして、一時的に細くなるだけで、皮下脂肪自体は減りません。

また、「ランニングなどの有酸素運動で皮下脂肪が落ちる」と思っている人もいるかもしれませんが、実際には有酸素運動だけでは皮下脂肪は落ちません。有酸素運動のみの場合、筋肉をエネルギーに変える「糖新生」が起き、皮下脂肪の減りがイマイチになってしまいます。

むしろ、皮下脂肪を落とすには筋肉量を増やす「筋トレ」が必須です。有酸素運動をする場合には、筋トレの後に行いましょう。

また、糖新生で筋肉が減らないように、筋トレ前にタンパク質をとるとよいでしょう。食物よりも吸収が良いホエイプロテインがオススメです。さらに、必須アミノ酸製品の場合は、ホエイプロテインよりもさらに吸収が速いため、筋トレ30分前や、筋トレ中の摂取でも効果があります。

必須アミノ酸＝ＥＡＡですが、通常、必須アミノ酸の「製品」もＥＡＡと略されます。有酸素運動前・有酸素運動中にも、ＥＡＡは有効です。

また、筋トレ後、有酸素運動後にＥＡＡを摂取することで、筋肉の回復を早くし、ダメージを残さないようにすることができます。

皮下脂肪と女性の深い関係

女性はこの「皮下脂肪」がつきやすいのが特徴で、なぜかというと、女性ホルモンの作用があるからです。

理論上は女性ホルモンの働きを抑えれば、この「皮下脂肪のつきやすさ」も抑えることができます。しかし、女性ホルモンがもたらす多くのメリット、例えば内臓脂肪を減らしたり、動脈硬化や各種のがんの抑制などの効果も減ってしまいます。

さらに、ホルモン量を変えることは、未知の危険性もはらみます。現代の医学でも、ホルモンの作用や量を変えた時に何が起こるか、すべて完全に把握されているわけではありません。

比較的安全なのは、ホルモンが異常分泌されている場合に抑えることと、逆にホルモンが少なすぎる場合、ホルモン製剤によって補充することくらいです。美容目的程度でホルモンの量を調節することは、デメリットの方が大きいかもしれません。

ただし、閉経前後の女性ホルモンの補充については、合併症に注意した使い方や、女性ホルモン様作用のある成分「エクオール」を使ったホルモン補充以外の方法も一考の価値があるかもしれません。

糖質オフで痩せなかった女性…犯人は皮下脂肪⁉

皮下脂肪の落としにくさについて、実際に私が診た症例からお伝えしましょう。

診療で糖質オフの指導を始めてからしばらくたったころ、しばしばダイエット外来のようになるケースがありました。「糖尿病です」「薬を減らしたい」という患者さんと共に、「痩せられません」という方も来るようになったのです。

そんなある日のこと、「なかなか痩せないんです……」という理由で受診された女性患者さんがいました。詳しくお話を伺ってみると、糖質オフの食事療法も、かなりしっかり実践されていました。そこで、さらに診察するうちに、ふと「あ、これはもしかして……」と気づくことがあり、CT検査をしたところ、はたして内臓脂肪は少なく、ほとんどが皮下脂肪だった、ということがありました。

女性の場合、しばしばこういったケースがあります。

皮下脂肪は前述のとおり、落ちにくい体脂肪であり、食事だけでは皮下脂肪を落とすことは困難になります。食事だけで皮下脂肪を落とそうとすると、相当食事制限をしないと体重減につながらないため、栄養失調になってしまいます。

繰り返しますが、皮下脂肪を落とすには、筋トレが必須なのです。

閉経後に太るケース、痩せるケースは何が違う？

「閉経後に太る」というのは、よく耳にしますね。しかし、逆に「変わらない」「むしろ痩せた」という話も聞いたことがあるかもしれません。

それぞれの違いについて、説明してみましょう。

(1)閉経後に太るケース

「閉経後」とありますが、単に「加齢」が原因で太る場合もあります。一般的には、加齢とともに筋肉が減り、各種の代謝も落ちます。このため、代謝が高かった昔と同じ量を食べ続けたために肥満した、というパターンです。これに対する対策は、高タンパクと筋トレです。高タンパクで筋肉の材料を確保して、筋トレで負荷を与え続ければ、筋肉は比較的維持できます。

もう1つは「エストロゲン」が出なくなるため、という理由です。

エストロゲンが様々な働きを持っていることは前述のとおりですが、脂質の代謝に関わる作用もあります。そのため、エストロゲンの分泌が少なくなるにつれ、体脂肪が燃やしづらくなってしまいます。エストロゲンの分泌は、閉経後は徐々に減り、おおむね5年でゼロになります。

女性は40歳を過ぎると徐々にエストロゲンが減るので、それに伴って、徐々に太りやすくなります。

（2）閉経後に痩せるケース

エストロゲンには、自律神経を調節する働きもあります。興奮する系統の「交感神経」と、リラックスする系統の「副交感神経」との働きを調節します。

エストロゲンの減少によって、胃腸の動きを活発にさせる「副交感神経」の働きが低下した場合には、胃腸の動きも低下します。この結果、消化機能や食欲が低下した場合には、痩せることになります。また、皆さんもご存じのように、更年期障害の典型的な症状に、イライラ、抑うつ、意欲低下、倦怠感などがあります。これはエストロゲンが前述の自律神経だけでなく、精神面にも幅広い働きを持っているためです。

このため、こういった精神症状が出た結果、食欲が低下し、痩せる場合があります。

（3）閉経後も変わらないケース

このケースは、、ちょうど前述の（1）と（2）が釣り合っている状態です。そのため、閉経後も体重に大きな変化がなくなるというわけです。

第2の脂肪：内臓脂肪

本書のテーマである「内臓脂肪」は、皮下脂肪とは違い、腹筋に力を入れた時に指でつまめない体脂肪の1つです。腹部では腹筋より内側に存在します。腹部の内臓脂肪は、解剖学的には、主に腸の周りにある膜「腸間膜」に蓄えられます。

皮下脂肪とは違い、内臓脂肪は体に様々な健康を損なうような影響を及ぼしてしまいます。内臓脂肪の落とし方の方向性については、先述のとおりです。

そして、内臓脂肪をいつまでも減らせないのは「上っ面の方法」だけしか取り入れないからです。「なぜか?」を知っていないと、自分に合う内臓脂肪の落とし方は見つかりません。そのヒントは、「インスリン」でしたね。

第3の脂肪：異所性脂肪

皮下脂肪や内臓脂肪にも入り切らなかった脂肪が臓器にたまってしまったのが「異所性脂肪」です。最近になって注目されるようになりました。

異所性脂肪がたまるのは、心臓、肝臓、すい臓などの臓器や、それに接した部分です。

さらに、筋肉(骨格筋)にも異所性脂肪はたまります。肝臓に異所性脂肪がつくと、まさに「フォアグラ」状態。筋肉にたまると、いわゆる「霜降り肉」状態となります。

私もかつて2度肥満だった頃は、見事なフォアグラ状態の「脂肪肝」でした。

異所性脂肪が多い状態というのは、単に皮下脂肪や内臓脂肪が多い、というより危険な状態といえます。

私たち日本人は、欧米人よりもこの異所性脂肪や内臓脂肪がつきやすいといわれています。ぱっと見ではあまり太っていないのに、生活習慣病になってしまうのは、このケースです。

臓器の中に脂肪がたまってしまう異所性脂肪は、その臓器の機能を低下させるといわれています。肝臓であれば、脂肪肝になった場合、肝硬変や肝がんのリスクが高まる可能性があります。

また、異所性脂肪は臓器に慢性的な炎症を引き起こし、代謝を乱すことで、脂質異常症や糖尿病などのリスクを高めるとも考えられています。

なお、異所性脂肪の落とし方は、内臓脂肪の落とし方とまったく同じです。内臓脂肪を落とすようにすれば、異所性脂肪も同時に減っていきます。

3つの体脂肪　それぞれの落とし方

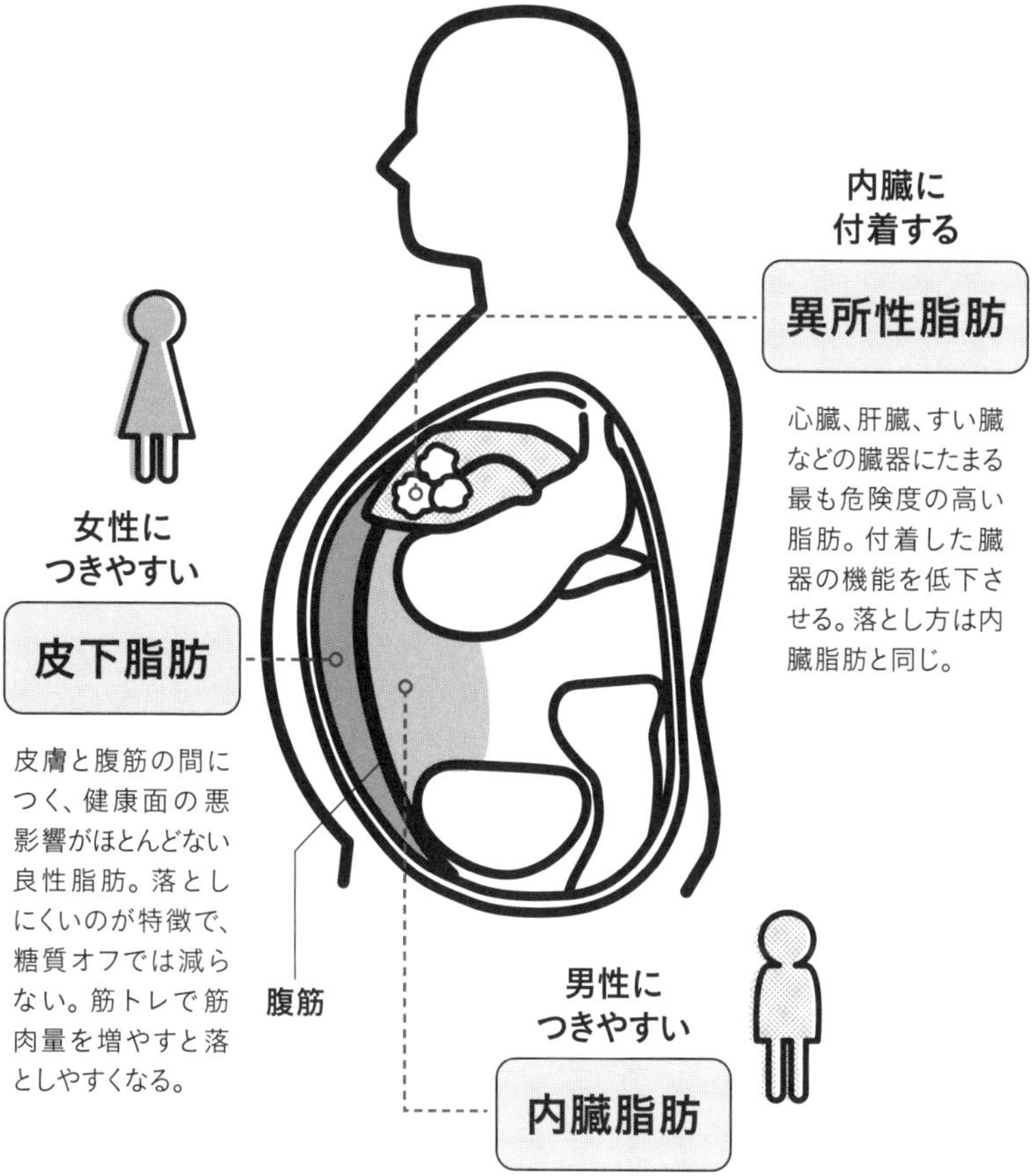

心臓、肝臓、すい臓などの臓器にたまる最も危険度の高い脂肪。付着した臓器の機能を低下させる。落とし方は内臓脂肪と同じ。

皮膚と腹筋の間につく、健康面の悪影響がほとんどない良性脂肪。落としにくいのが特徴で、糖質オフでは減らない。筋トレで筋肉量を増やすと落としやすくなる。

腹部の内臓周りにつく悪性脂肪。糖質過多な食事によるインスリンの作用で増大する。減らすには糖質オフが必須。

中性脂肪、コレステロールと体脂肪の違い

前節でご説明した3つの体脂肪とよく混同されるのが「中性脂肪」、「コレステロール」です。「何となく違う」というのはわかっていても、ハッキリ説明はできない方も多いのではないでしょうか？　そこで、ここで少し整理しておきましょう。

ザックリいえば、

・中性脂肪＝エネルギー
・コレステロール＝体の材料

となります。細かい話では色々ですが、まず大まかに把握しましょう。

中性脂肪とは？

食べ物に含まれる脂質や、食用油類、そして体脂肪の大部分を占めるのが「中性脂肪」です。

つまり、単に「脂肪」といったときには、この中性脂肪のことを指します。バターやラードのように、人間の血液中にある中性脂肪も、常温では固体です。そして、人体にとって

はとても重要なエネルギー源です。

酸性でもアルカリ性でもなく、その名のとおり、「中性」のため中性脂肪と呼ばれます。中性脂肪は、構造的には、「グリセリン」に「脂肪酸」がくっついたものです。正確にいえば、中性脂肪にはモノグリセリド、ジグリセリド、トリグリセリドの3つが含まれます。

グリセリンに対して、脂肪酸が1つくっついているものが「モノグリセリド」、脂肪酸が2つくっついているものが「ジグリセリド」、脂肪酸が3つくっついているものが「トリグリセリド」です。「モノ」は「1」を表し、「ジ」は「2」を表し、「トリ」は「3」を表します。

食べ物中の脂肪(中性脂肪)は、そのままでは大き過ぎて腸から吸収されません。このため、胆汁やすい液などによって、脂肪酸とモノグリセリドに分解されます。腸から吸収された後は、リンパ管に入ります。

人間の血液中にある中性脂肪の90~95%がトリグリセリドです。このため、一般的には「中性脂肪」=「トリグリセリド」と表記されています。

覚えておくと役立つポイントは、前述のように「中性脂肪=エネルギー」という点です。記憶するのはこの部分だけでも十分です。

コレステロールとは？

先のとおり、「コレステロール＝体の材料」です。何の材料になるかというと、次の通りです。

・全身の細胞の細胞膜
・ステロイドホルモン（副腎皮質ホルモンや性ホルモン）
・胆汁酸
・ビタミンD

また、コレステロールは、脂溶性ビタミン（ビタミンA・D・E・K）の代謝に関する役割もはたしています。

さらに、脳などの神経にとっても、重要な役割を果たしています。例えば、神経の電線部分にあたる「軸索」を覆っている部分には、大量のコレステロールが含まれています。アブラで神経という電線をつつんで、ショートするのを防ぎ、また情報伝達を速める、というようなことをしているのです

皆さんの身の回りにある電気のコードも、金属が剥き出しではなく、電気を通さないゴムやビニールなどで包まれています。神経も剥き出しではなく、コレステロールでコーティ

ングされているのです。脳や脊髄などの神経には、実に、全身にあるコレステロールの3分の1ものコレステロールが含まれています。

なお、血液中には全身にあるコレステロールの半分が含まれています。

コレステロールは食べ物からとられる分より、肝臓で作られる分が多数を占めています。食事由来のコレステロールは約2割で、肝臓などで作られるコレステロールは約8割です。

このため以前は「コレステロールが多い卵などの食べ物は控えよう！」となっていましたが、近年は「食べ物の中のコレステロールは関係ない」ということになり、厚生労働省も日本人の食事摂取基準からコレステロールの上限値を撤廃しました。コレステロールが多い食事をしたからといって不健康になる、という証拠は何ひとつなかったからです。

いまだに「食事中のコレステロールは少なめに」などと言っている人もいますが、まったく科学的根拠はありません。時代遅れの考えです。

血管の中で何が起きているのか？

中性脂肪やコレステロールは、「アブラ」です。そのままで水に溶けないため、血液という水分が多い液体では運べません。このため、血液中では水に溶けやすいようにパッキングされています。この状態が、「ＬＤＬ」や「ＨＤＬ」というものです。

ＬＤＬは「サイズが大きめで比重が軽めにパッキングされている」もの、ＨＤＬは「サイズは小さめに比重は重くパッキングされている」ものです。

さらに正確にいえば、ＬＤＬコレステロールといった場合には、パッキングされているＬＤＬの中に含まれるコレステロール、ＨＤＬコレステロールもパッキングされているＨＤＬの中に含まれるコレステロール、という意味になります。

善玉コレステロール、悪玉コレステロールって？

そしてよく見聞きする、「善玉コレステロール」「悪玉コレステロール」という言葉があります。

善玉コレステロール＝ＨＤＬコレステロール
悪玉コレステロール＝ＬＤＬコレステロール

などと、メディアで表現されているのを見たことがあるでしょう。あまり基礎知識がない方にスッと理解できるようにするためには、こういった「善悪」で示すのはよくある手段です。しかしながら、これはＨＤＬやＬＤＬの実態とは異なります。

確かに、ＨＤＬは、色々な所にあるコレステロールを回収する働きを持つので、多くても健康面の悪影響はほとんどありません。このためＨＤＬコレステロールを善玉コレステロールというのは、割と実態に即しています。

が、もう一方のＬＤＬコレステロールを悪玉呼ばわりするのは、実態とはかけ離れています。

ＨＤＬはコレステロールを全身から「回収」する役割でしたが、ＬＤＬは逆にコレステロールを全身に「配達」する役割を持ちます。人体にとって非常に重要な材料となる「コレステロール」を配達すること自体は、まったく「悪玉」ではありません。

むしろ、ＬＤＬコレステロールがゼロになると、人間は生きていられません。

以前よりＬＤＬコレステロールは、「lower is better」＝「低ければ低いほど健康にいい」などという言葉がありますが、これがまったくの間違い、ということがわかるかと思います。

ＬＤＬが十分になければ、全身にコレステロールを「配達」することができず、全身のあちこちで材料不足を引き起こすことになってしまいます。ＬＤＬが低い状態なら、確かに血管は詰まりにくくなるかもしれませんが、その血管自体は材料不足で修理ができなくなり、ボロボロになります。

このため、私は診察の折には「悪玉呼ばわりは冤罪なんです。火事の現場にいる消防士さんを、放火犯呼ばわりしているようなものです」などと説明しています。

実際に説明している時に、何人もの人が混同していたのですが、コレステロールの「善玉」「悪玉」と、腸内細菌の「善玉」「悪玉」はまったく別の話です。

善玉菌や悪玉菌というのは、腸の中にいる細菌の話です。コレステロールとはまったく違います。

こうした混同をしている方は少なくありません。実際に、私は診察中にこうした勘違いをしている患者さんたちへ「あ、それは腸内の細菌の話ですね」と何度も説明したことがあります。

さて、ここまでのお話で内臓脂肪とそのほかの脂肪について、段々と理解が進んできたことでしょう。

次は、その内臓脂肪が増え過ぎるとどうなるか？　について説明していきましょう。

内臓脂肪が増えると、おなかが出っ張って見栄えが…という以上の影響があります。

増えた内臓脂肪の恐怖

内臓脂肪については、前項でわかってきたかと思います。腹筋に力を入れた時に指でつまめない体脂肪の1つであり、様々な健康を損なう影響を及ぼしてしまう……とお伝えしてきましたが、では、具体的にはどんな影響があるのでしょうか？

一見、内臓の周りに脂肪がついていても、何も影響ないように思います。そしてつい最近まで、専門家達もそのように考えていました。

ですが、実際はまったく違います。ただ蓄えている皮下脂肪とは違い、内臓脂肪は実に色々なことをしています。内臓脂肪は、皮下脂肪とは「完全に別モノ」だったのです。

と、その前に、内臓脂肪をどうやって測るかについて、まずは説明しておきましょう。

内臓脂肪はどうやって測るのか？

コストをかけずに、手軽に推測するために、健康診断などでは「ＢＭＩ」と「腹囲」が使用されています。しかし、この2つから内臓脂肪を推定するのは、はなはだ不正確です。

というのも、

・ＢＭＩは正常範囲（＝肥満ではない）なのに内臓脂肪が多い（おなかだけポッコリ）

・腹囲はそれほどでもないのに筋肉などが少なく内臓脂肪が割と多め

というパターンがあるためです。では、正確に内臓脂肪を測るにはどうしたらよいのでしょうか？

ＣＴで測る

現時点で最も正確に内臓脂肪を測定するためには、「ＣＴ」を使います。

ＣＴで「ヘソの高さでの内臓脂肪の面積が１００㎠以上」というのが、内臓脂肪が多いかどうかの目安となります。

この内臓脂肪の測定は、ＣＴの機器に測定するためのソフトウェアを導入すれば可能ですが、かなりコストが高く、数百万円ほどかかります。よっぽど検査数を確保しない限り、医療機関側は確実に赤字になってしまいます。実際に、ＣＴはあるのに内臓脂肪の面積を測れない医療機関は多いのですが、それにはこうした事情がからんでいます。

皆さんがもし、ＣＴでの内臓脂肪を測定する場合は、自由診療になります。そのため、各医療機関が決めるため幅がありますが、その費用はおおむねＣＴ検査の代金にプラスして２０００～４５００円程度というのが多いでしょう。検査数１０００件くらいで、同ソフトウェアのもとが取れる……といったペースです。都市部などでは達成可能な件数でしょう。なお、CT検査自体の代金はおおむね1万円前後です。

ちなみに、内臓脂肪を測るCTは基本的に保険適用されない自由診療ですが、医師が診察して何か太るような病気が疑われるためにCTを使用した場合には保険適用になるかもしれません。当然ですが、あくまで「病気が疑われる場合」に限られます。

体組成計での測定方法

昨今の健康意識の高まりで、体重計などで体脂肪率が測れるものもよく見かけますね。最もよく見られる測定法は「インピーダンス法」と呼ばれます。ごく弱い電気を流し、電気の流れやすさを計測することで、体脂肪を推定します。このタイプの高性能、高価格な体組成計は、自由診療主体の医療機関に置いてあるケースが多いようです。値段は実に100~300万円ほどです（種類が色々あります）。

CTのように放射能の被爆なしで、体重計のようなものに乗るだけで体脂肪率などを測れる手軽さがメリットです。

当然ながら、家庭用の体重計に付属している体脂肪を計る機能よりは、正確です。電流の周波数を変えたり、足だけじゃなく、手などにも電極を付けたり、体の個々の部分毎にそれぞれの体脂肪を調べたり、年齢や性別から推定する要素をなくしたりするなど、各種の工夫で、一般のものよりははるかに高い性能を持ちます。

しかしながら、こういったハイエンド機器も、やはりCTには及びません。というのも、実際に高性能体組成計で測定したものと、CTの結果を見比べたことがありますが、思いっきりズレていた、ということがありました。体組成計では体脂肪が少なめに出ていましたが、CTの画像では内臓脂肪がしっかりついていました。

ご本人は「医療機関で有名なすごい機械で測ったのに……！」と、とても驚いていたのが印象的でした。流石にハイエンド機器の場合には、ほとんどの場合でキッチリと実際の体脂肪と近い数値が出るかとは思いますが、中にはごく稀にこういった例外もあります。

やはり「正確さ」という点ではCT検査が最も信頼できます。

その他の測定方法いろいろ

CTや体組成計以外にも、内臓脂肪を調べる方法はあります。

・**水中体重秤量《ひょうりょう》法・空気置換法：**水や空気を利用して、「比重」の違いで体脂肪の量を測定します。

・**近赤外分光法：**「遠赤外線」はよく聞くと思いますが、こちらは「近赤外線」です。この近赤外線を使って、光の吸収のされ方の違いから体脂肪を測定します。

・**二重エネルギーX線吸収法**：X線で体脂肪を測定する方法です。CTの一歩手前の技術ともいえます。

その他、皮下脂肪しか測定できませんが、以下の2つもご参考に紹介しましょう。

・**超音波法**：超音波を使って皮下脂肪を測定します。

・**皮下脂肪厚計**：ノギスを使って、皮下脂肪の「厚み」を測る方法です。原始的な方法ですが、皮下脂肪の量のひとつの目安になります。

内臓脂肪は「ホルモンっぽいもの」を分泌していた！

内臓脂肪は、つい最近まで皮下脂肪と同じように「エネルギーを脂肪として貯めるだけ」と思われていました。しかしながら最近になって、実際には非常に多くのものが内臓脂肪から分泌されていることがわかってきました。

しかも、当初思われていた以上に幅広い範囲の効果を持つものが内臓脂肪から分泌されていたのです。

現在、非常にホットな分野です。しかし、新しくてホットな分野は、特有の状況を持っています。つまり、研究段階だったり、まだわかっていないことが山積みの状態なので、各種の仮説が入り乱れ、ときに仮説同士で矛盾したり、「新しく判明した事実」が今までの仮説を粉々にしたり……などのゴタゴタ感があふれかえります。

ということで、この部分に関しては「なんかキッチリ説明していない」と思うかもしれませんが、正解です。なにせ、「キッチリわかっていない」分野だからです。

そのつもりで読み進めてください。

さて、内臓脂肪が出す「各種のホルモンっぽいもの」の話に戻りましょう。

各種のホルモン様物質のことを「アディポサイトカイン」と一括して呼びます。アディポサイトカインという名前の後半「サイトカイン」というのは、ホルモンっぽいですが、少し違っているものの総称です。サイトカインとホルモンとの違いは、基本的にはホルモンはどちらかというと全身などの「広い範囲」に効果が及び、サイトカインはどちらかというと狭い範囲で働く、といったものです。

とはいえ、ホルモンとサイトカインの明確な違いや、判断基準はありません。このため、将来的には違った形で「統合される概念」かもしれません。

ちなみに、アディポサイトカインは漢字で書くと、「脂肪組織由来生理活性物質」という長い名前になります。

さて、種類がたくさんある「アディポサイトカイン」ですが、具体的にはどんなものがあるのでしょうか？　実は、健康を促進するものもありますし、そうでないものもあります。「体脂肪」みたいに考えている人には意外かもしれません。

単純に「体脂肪＝悪」ではなく、健康に良い影響を与えるものも、脂肪組織は分泌しています。良いものと悪いもの、順にみていきましょう。

まず、健康にあまり良くない作用があるものには、次のようなものがあります。

①高血圧に関連：アンジオテンシノーゲン、レプチン
②糖尿病に関連：ＴＮＦ－α
③心筋梗塞に関連：ＰＡＩ－１

この他にも、アディポサイトカインには多種類存在しますが、まだわかっていないことも多く、中身も説明するとキリがないので割愛します。

まずは、代表的なこれらの「健康によくないタイプ」のアディポサイトカインが引き起こす病気について、みていきましょう。

①高血圧に関連：アンジオテンシノーゲン、レプチン

前述のように、各種の「アディポサイトカイン」によって様々な病気が引き起こされます。レプチンは血圧を上げますが、体に良い作用の方が多いアディポサイトカインです。このため、次節で個別に取り上げます。

次に、「アンジオテンシノーゲン」ですが、これは内科ドクターの中では有名なアディポサイトカインです。というのも、「血圧を下げる薬」が、このあたりに関係するためです。アンジオテンシノーゲンは、主に肝臓で作られます。しかし、脂肪細胞でも作られており、内臓脂肪が増えるにつれて血液中の量が増えてしまいます。すると、アンジオテンシノーゲンは、「アンギオテンシンⅠ」に作り変えられ、さらに「アンギオテンシンⅡ」に変換され、副腎皮質から「アルドステロン」というホルモンを分泌させます。これによって、血圧が上昇してしまいます。

メタボのある高血圧の方は、脂肪細胞からアンジオテンシノーゲンが出ているので、高血圧になる、ということです。

②糖尿病に関連：ＴＮＦ－α

ＴＮＦ－αは、脂肪細胞から分泌されると、インスリンの効きが弱くなり、血糖値を上げることが指摘されています。

（参考：https://jams.med.or.jp/event/doc/116013.pdf）

③心筋梗塞に関連：ＰＡＩ－１

これも、内臓脂肪が増えると、内臓脂肪から分泌される量が増えるアディポサイトカインです。

通常は、血管の中の血液の塊である「血栓《けっせん》」ができると、それを溶かす働きを持つタンパク質の一種である「プラスミン」が作用するため、血栓ができてもすぐに血管が詰まることはありません。

しかし、このＰＡＩ－１は、そのプラスミンの働きを抑えてしまいます。このため、血管が詰まるリスクが上がってしまうのです。

つまり、内臓脂肪が多いと、血管が詰まりやすくなる、ということです。皆さんの身近でもそのような状態になってしまった方がいるかと思います。

内臓脂肪から出ている“悪いもの”

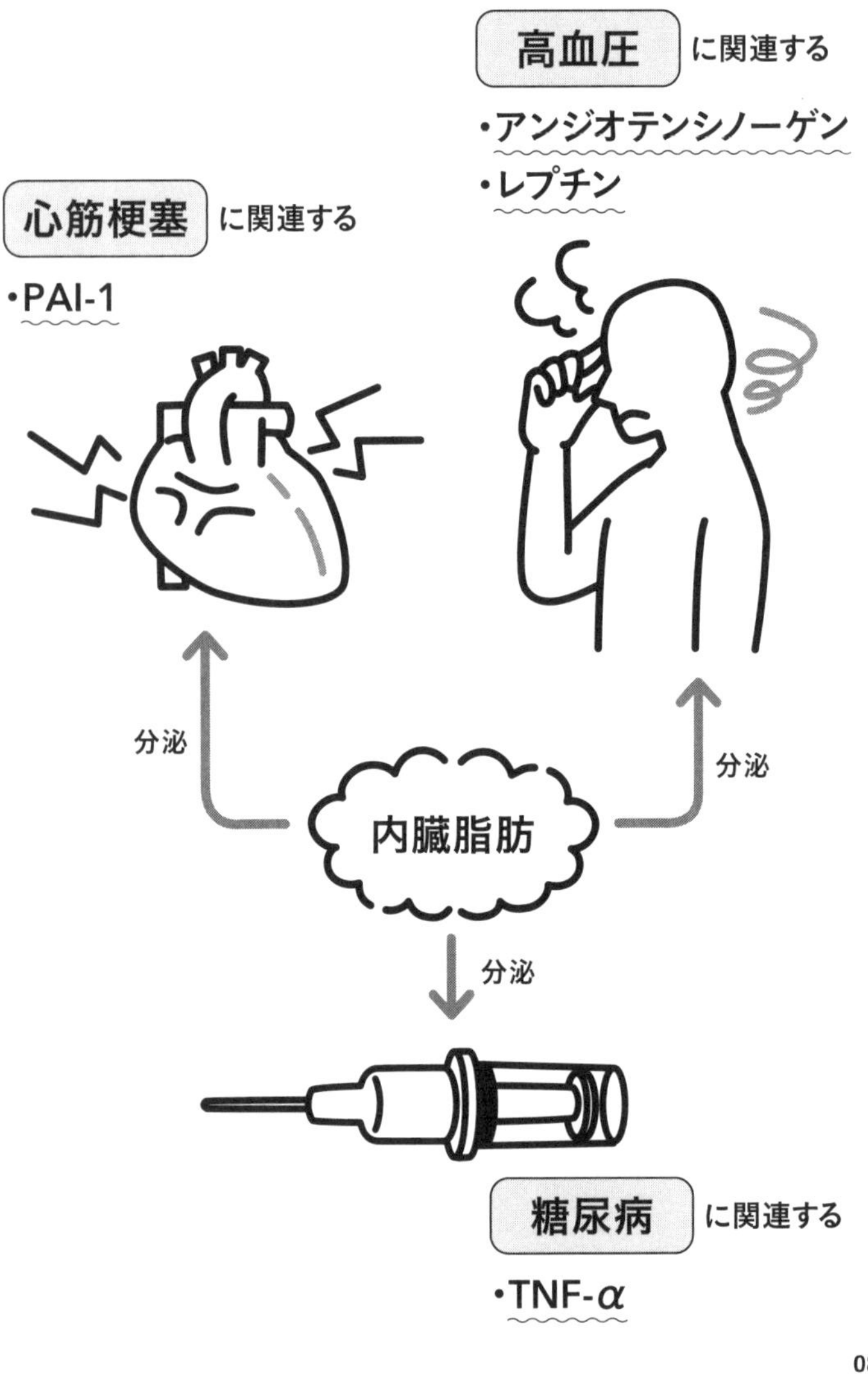

脂肪細胞から分泌される「健康に良いタイプ」の物質

さて、次は健康に良い影響を与えるタイプの物質で、代表的なもの2つを見ていきましょう。

①食欲を抑える：レプチン

脂肪細胞から分泌されるレプチンには、食欲を抑える働きがあります。

こう聞くと、「あれ？」と思いますよね。肥満の人は脂肪細胞がたっぷりあるし、しかも、とてもよく食べる……脂肪細胞があるおかげで食欲が抑えられるようには、とても思えません。

レプチンについて学んだ医学生の頃、私も最初はそう思いました。実は、このあたり、いまだにはっきりわかっていないのです。20年以上前に思った「素朴な疑問」の答えすら、まだこの世にはないのです……。

もちろん、少しはわかっていることもあります。それは、次のようなことです。

肥満になると、

(1)レプチンの分泌が減ってしまう

(2)さらにレプチンの食欲を抑える作用自体も「脳に効きにくく」なる

なお、レプチンは単に食欲を抑えるだけではありません。交感神経（興奮させるタイプの神経）を活発にして、エネルギー消費を増やします。また、多くなってくると、交感神経が興奮するために、血圧が上昇します。

大体、こういったホルモンやその親戚のようなものは、「1つだけの働き」ということはほとんどなく、複数の作用を同時に持っています。そして、それが数種類、お互いに関係し合います。

②脂肪を燃やす：アディポネクチン

もう1つの「体に良い影響がある」とされる、アディポサイトカインについても取り上げておきましょう。

アディポネクチンとアディポサイトカイン、名前が似ていて、とても紛らわしいのでご注意ください。「アディポサイトカイン」の1種である「アディポネクチン」、ということです。

なお、「アディポ」は「脂肪」、「ネクチン」は「くっつく」という意味です。「アディポネクチン」の名前は、脂肪組織（アディポ）でつくられる、脂肪間接着分子の一種である「ネクチン」に由来しています。

アディポネクチンは、単純にいえば、脂肪を燃やす働きがあります。そして、レプチンのように内臓脂肪が増えると、アディポネクチンは減ってしまいます。「太っている状態自体が、痩せづらくする」という、非常に納得できる理由の1つです。

こういったことを調べていると、「あ、太ってるから、痩せづらいんだ」という哲学的な考察がはかどります。


アディポネクチンは、肝臓の代謝を良くして、炎症も抑え、心肥大も防ぎ、動脈硬化や糖尿病も抑えるなど、非常に様々な効果を持ちます。

この「アディポネクチン」の健康にプラスの作用を知ると「こんなにすごい効果があるならサプリメントや薬になっていないの？」と思う方もいるかもしれません。残念ながら、現在はありません。

つまり、「痩せたいからアディポネクチン！」と思うかもしれませんが、アディポネクチンを増やすには「痩せる必要がある」、という、なんとも身も蓋もない話になります。


さらに、他のアディポサイトカインも、単一の効果だけでなく、複数の効果を持ち、それぞれに関係しています。あれが出ると、こっちがこうなって、さらにあっちはああなる、といった感じです。こんがらがってきますよね。

ということで、アディポサイトカインだけで、辞書みたいに分厚い本が何冊もできてしまうほど、複雑です。

そのため、まだまだ「つい最近わかってきた」というのがアディポサイトカインですので、わかっていないこともかなり多くあります。

〝痩せない〟サプリメントにご注意

ここで、「あれ？　アディポネクチンが増えるっていうサプリ、見たことあるよ？」という人もいるかもしれません。確かに「アディポネクチンを増やす！」と銘打っているサプリはたくさんあります。

しかしそのすべてが眉唾か、おまじないです。ただ一つの例外もなく、すべてです。

こういった「痩せる！」と喧伝するサプリメントは大量に存在しますが、残念ながら、まったく効果がないか、あったとしても効果は極小です。

普通は面倒なことや苦労はわざわざやりたくないし、考えたくもないので「～だけで簡単に痩せる！」というのを見かけると、ついつい飛びついてしまいます。

ですが、ここで断言しておきましょう。「～だけで簡単に痩せる！」はすべて間違いです。色々してこそ、健康的に痩せられます。なぜなら、私たちの体はそのようにできているからです。

たとえば「野菜だけダイエット」は、痩せはしますが、それは単にエネルギー不足、タンパク質不足になっただけです。体重は減るかもしれませんが、不健康になります。「1品置き換えダイエット」も、こういったものが多く見受けられます。

置き換えるとしたら、ホエイプロテインや必須アミノ酸です。ただし、大豆由来の「ソイプロテイン」への置き換えは、やはりタンパク質不足になるのでやめておきましょう。

「植物性は健康的！」という志向も、よくある大間違いな考え方です。

タンパク質不足な人ほど植物性のものに走り、さらにタンパク質不足になっていきます。そして、「こんなに植物性のものをとっているのにおかしい」となり、「もっと植物性のものをとろう！」と迷走していきます。

先のような、効果ゼロのサプリメントも、おおむねこうした迷走中の方々をターゲットにしていますので、「植物性のこの成分を配合！」と大きく謳っています。

近年では、こういった「効果ゼロサプリメント」の商売方法は、信頼感を高めたり、欲求をあおったりと、その手法が非常に洗練されてきています。各種の効果的な「あおり」によって、人は脳内で「ドーパミン」という物質が出ます。このドーパミンには、「もうすぐ幸せになれる予感」を人間にもたらす効果があります。

この「予感」というのが絶妙な点です。ものすごく強い衝動に襲われ、その予感を達成すべく行動しますが、実は幸せは訪れないのです。

皆さんも「欲しい！」と強烈な衝動で購入したものに対してすぐに飽きてしまう、ということを経験したことがあるでしょう。これは、欲しかったものを手に入れ、達成した瞬間から、ドーパミンの作用で得られていた「幸せの予感」がなくなるために起こります。

実際に、昔、脳の難病の手術として、脳に電極を埋め込み、ボタンを押すとドーパミンが出るようになった人たちがいます。この人たちは何度もボタンを押しますが、いつまでも「予感された幸せ」は訪れず、むしろ「イライラする」ということがわかっています。

この「強力な欲求・衝動」を引き起こすドーパミンは、こういった「効果ゼロサプリメント」の販売や宣伝などにも意識的・無意識的に活用されています。「購買意欲をあおる」というのは、まさにあなたの脳内にドーパミンをあふれ出させるということに他なりません。

この強烈なドーパミンの作用ですが、対策は簡単です。「10分間だけ、それから離れる」、これだけです。一時的な気の迷いは、たった10分で晴らせます。

世の中には、こういった「おまじない」サプリメントに数千円、数万円という少なくない金額を毎月払っている方が多くいらっしゃいます。そして、その効果はゼロかほぼないものばかりです。

そんなおまじない程度のものにお金を使うのはやめて、もっと安くて良質で効果の確かなホエイプロテインやビタミンやミネラルを買いましょう。これらなら、生理学的な根拠もしっかりしており、何らデメリットがありません。

なお、当たり前ですがプロテインやサプリメントの会社と、私との利益相反は何もありません。お金もサービスも各種の忖度《そんたく》も受けておりません。

男性は肥満がなくても危険！

「自分は太ってないから、内臓脂肪は関係ない」。そう思っている人も、まったくリスクがないとはいいきれません。実は、ＢＭＩ25未満でも、内臓脂肪の面積が１００㎠以上あるケースは意外にも多く、そのほとんどが男性なのです。身長と体重だけでは、「健康かどうか」を見分けできない、という典型例です。

女性は皮下脂肪がつきやすいと先にお伝えしましたが、一方、男性の肥満の人は内臓脂肪が目立ちます。ここで、皮下脂肪は健康にあまり影響がなく、内臓脂肪は健康を損ねる、ということを思い出してください。男性は肥満がなくても油断ができない、ということがわかったかと思います。

なお、数値でいえば、内臓脂肪面積が１００㎠以上ある男性は、40代で37・2％、50代で42・2％にものぼります。かなりの割合だといえますね。

第3章

内臓脂肪を増やさない方法

「内臓脂肪が増える体の反応」をなくす

ここまでに、内臓脂肪を増やす反応を起こす真犯人について、解説してきました。次に、本章では内臓脂肪を増やさないためにはどうすればよいのか？　について、お伝えしていきましょう。

内臓脂肪を増やさない方法は、非常にシンプルです。増やす真犯人である糖質摂取をなくせばいいだけ。糖質摂取でインスリンの分泌が増え、それがスイッチとなって内臓脂肪が増えるわけです。その連鎖を断ち切ることが、まずは必須となります。

肥満ホルモン「インスリン」の分泌が増える分岐点は？

では、どのぐらいの糖質をとると、インスリンの分泌が増えるのでしょうか？

体調や事前の運動など、エネルギー消費の状態によって変動はありますが、特に運動などをしていない場合、成人で5ｇの糖質をとると、インスリンの分泌量が増えるといわれています。

なお、インスリンが「出る・出ない」ではなく、「増える・増えない」といっているのには、理由があります。先のとおり、インスリンがゼロになると命に係わるため、人体では常時、インスリンが少量ずつ分泌されているからです。

レベル別糖質オフの進め方

糖質5ｇ以上の摂取で内臓脂肪を増やしてしまうインスリンの分泌量が増えるということは——内臓脂肪を増やさないためには、「1食で摂取する糖質量を5ｇ以下にすればいい」ということになります。

これは、いわゆる「断糖」と言われるもので、皆さんが予想するとおり、とてもハードルが高いという難点があります。米、パン、麺などの主食抜きは当然として、調味料も基本的には塩などに限られます。また糖質オフ系の市販品なども、基本的にはすべてＮＧです。最も健康的ではありますが、多くの人が実際には実践できていない、という現状があります。

実践しやすいのは「1食当たり糖質20g以下」

現実的に実践しやすいのは、もう少しゆるめの「一食当たり糖質20g以下」を目安とする糖質オフ食になります。これぐらいだと、血糖値の急上昇が比較的抑えられるレベルになります。

1食当たり糖質20g以下というと、米・パン・麺などの主食は抜きになりますが、調味料などに含まれる糖質は比較的摂取できる、というレベルです。

単に「糖質オフ」といった場合には、基本的にはこの「1食の糖質量が20g以下」を目安とすることになります。断糖よりは効果が少ないですが「続けやすい」というメリットがあります。

「1食あたり糖質量40g」は内臓脂肪減少の効果なし

さらに、今まで大量の糖質をとってきて「糖質依存」が強く、タンパク質不足も強い場合には、「1食の糖質量40g以下」という選択肢もあります。これは、いわゆる「緩やかな糖質オフ」といわれるものです。わかりやすくいえば、前述の「基本の糖質オフ」にプラスして「主食も少量ならOK」という内容となります。

主食をしっかりとってしまうよりは糖質量は少なくなりますが、それでも40gは結構な糖質量です。このため、内臓脂肪は増減を繰り返すだけになる可能性が高いため、私はあまりおすすめしません。

また、なまじ主食をとり続けてしまうために、糖質依存がいつまでも抜けないというデメリットがあります。

「緩やかな糖質オフ」では、後に説明する「偽りの満腹感」から抜け出すことができません。いつまでも糖質を欲してしまって、それをガマンする辛さが続いてしまうので、生活にストレスが生まれてしまうことになります。

禁煙と同様、成功率が高い「完全に断つ」

よく勘違いされていますが、色々な依存を脱するには「少しずつ減らす」よりも「完全に断つ」方が、実は簡単です。というより、むしろ「完全に断つ」ことをしないと、依存からは脱却できません。

例えば、禁煙を始めたとき、少しずつ本数を減らす方法をとる人は多いものですが、皆さんもご存じのとおり、ほとんど成功しません。ガマンの反動で、いつの間にかまた本数が増えます。スパンと一気に断ち切るほうが、あっさりと成功するものです。

お酒に置き換えて考えると、わかりやすいでしょう。「アルコール依存から抜け出す！」といっている人が、そういいながらも「少しずつ減らしているんだ」と、だましだましお酒を飲み続けていたら、あなたも「そりゃ、いつまでもやめられないでしょ」とツッコミを入れるかと思います。

また、誰しも常に「意志力を強く持ち続けている」とは限りません。

仕事で疲れているとき、家族や友人とケンカをしてイライラしているとき、おなかがとても減っているとき。そんなときに、ふと入ったコンビニで、目の前にずらりと並ぶパンやおかしやアイスが目に飛び込んできたらどうなるでしょうか？　もしくは、テレビのCMで、おいしそうなラーメンを食べる様子が大画面で流れてきたら……残念ながら、町中にも、メディアにも、ネットにも、糖質はあふれています。目にしないようにするには、かなりの注意を事前に払っておく必要があるくらいです。

糖質たっぷりの食べ物を見た瞬間から、脳内では快感をもたらす神経伝達物質「ドーパミン」があふれ出し「食べないといてもたってもいられない！」という状態になってしまうのです。これは、ヒトの脳の仕組みなので、あらがうことはできません。多かれ少なかれ、皆さんも覚えがあることでしょう。かくゆう私も、以前はよくありました。なお、糖質依存からの脱却については、糖質について説明する次章で詳しく述べていきます。

このように「糖質はガマン！」と思っていると、必ずどこかで糖質をドカ食いしてしまいます。人間には意志力がすり減ってしまう瞬間が誰しもあるからです。そして、先のとおり、現代日本には糖質があふれかえっています。

「緩やかな糖質オフ」は、前述の3つの中で始めるのが最も簡単ですが、しかし、キッチリ続けることは難しいのです。一時的に内臓脂肪が減っても、その後で糖質をドカ食いしてしまい、かえって内臓脂肪を増やしてしまっては意味がないどころか、逆効果です。

このため「緩やかな糖質オフ」は基本的にはすすめていません。高齢者や、「基本の糖質オフ」さえも尻込みしてしまうような方向け、となります。とても始めやすいのですが、効果は薄く、続けにくいのが「緩やかな糖質オフ」だからです。

なお、内臓脂肪を減らす効果が実感できるレベルでいくと、やはり、次のような並びとなります。

断糖 ＞ 基本の糖質オフ ＞ 緩やかな糖質オフ

いくらアレコレしていても、糖質を大量にとり続けていたら、内臓脂肪を減らすのは至難の技です。本気で内臓脂肪を減らすには、まず、前提として内臓脂肪を増やさないことが大切です。本気で内臓脂肪を減らしたい場合には、せめて「基本の糖質オフ」くらいにしておくと、確実な効果が見込めます。

糖質の正体　〜脂肪細胞を「増やす」&「太らせる」〜

ここまでに、糖質をとると肥満ホルモン「インスリン」が分泌され、内臓脂肪がどんどん増えて肥満する、というお話をしてきました。

では、その糖質とは何でしょうか？

甘いもの？　いいえ、違います。甘くない糖質も数多くあります。

糖質については、なんとなくは知っているけれど、「何ですか？」と聞かれるとハッキリ説明し切れない、そんな方がほとんどです。

こういった基本的なことは、「わかってる」と思っていても、意外と知らないもので、実はまだ完全にはわかっていないことも多くあります。また、最近になり急激に研究が進んだ部分もあります。

ここでは、糖質とは何か、体内に入ったらどうなるのか、細胞の中に入ったらどうなるのか、といったことを見ていきましょう。

まずは、糖質関連の用語を再確認してみましょう。糖と名前がつくものが複数あるため、紛らわしい傾向があります。これらは一度わかってしまえば、その後はずっと「あー、ソレね」と使える知識です。

そして、後半は代謝に関する部分を説明しています。一見して「内臓脂肪を減らす」には、関係なさそうですが、深い関わりがあります。知っておくと、「それ、こんな所で関係してくるの？」といった驚きがあったり、応用が効いたりします。

内臓脂肪を確実に減らすためには「自分に合うように正しい知識をもって自分で調整できるか？」ということが非常に重要なポイントになるのです。

糖に関する用語、基本の４種

糖に関連する用語は、おおむね次の４つを把握しておけば良いでしょう。

①炭水化物＝糖質＋食物繊維
②糖質＝単糖類（ブドウ糖や果糖など）、二糖類（砂糖や乳糖など）、多糖類（デンプンや糖アルコールなど）
③糖類＝単糖類、二糖類
④糖分＝日常語で明確な定義なし

これで一とおり、用語は大丈夫です。

最近も、「糖質を控えるとのことでしたが、炭水化物は控えなくていいのでしょうか？」

というご質問を頂きました。これに関しての答えは、この用語説明を見れば一目瞭然ですね。炭水化物は、糖質と食物繊維を合わせたものになります。

そのため、「糖質を控えましょう。食物繊維は控える必要はありません」が答えになります。

また、二糖類がどの糖の組み合わせかについても、混同しやすいので記載しておきます。二糖類は単糖類が「2つくっついた」構造をしています。
代表的な二糖類は次のようなものです。
乳糖（ラクトース）＝ブドウ糖（グルコース）＋ガラクトース
蔗糖（ショ糖、スクロース）＝ブドウ糖（グルコース）＋果糖（フルクトース）
麦芽糖（マルトース）＝ブドウ糖（グルコース）×2

ときどき、栄養表示などで見かける「トレハロース」も、ブドウ糖×2、です。

二糖類の名前は、割と日常的に目にする機会がありますので、これを機に整理しておきましょう。

なお、よく見聞きする「オリゴ糖」というのもあります。何となく体にいいイメージがする、あのオリゴ糖です。これは、単糖が数個くっついた状態のものです（分子量は300

〜3000ほど)。オリゴはギリシア語で「少ない」という意味で、オリゴ糖は別名「少糖類」ともいわれます。通常は二糖類も含めて、10糖(単糖が10個くっついたもの)までをオリゴ糖といいます。

つまり、乳糖、ショ糖、麦芽糖もオリゴ糖の1種、ということです。思ったよりも「ありふれたもの」と感じるでしょうか。

なお、二糖類から10糖までを含めるので種類は無数にあります。

例えば、母乳中には約130種類ものオリゴ糖が含まれているといわれています。

糖質と炭水化物、説明するときの使い分けはどうする?

なお、あなたがすでに前述の分類を知っていて、知らない人に説明する場合には注意が必要です。

例えば、医療現場あるあるですが栄養指導などで「糖質を控えましょう」と「学問的に正確」な説明をしたとしても、「甘いものを控えればいいんですね!」といったリアクションが返ってくることが珍しくありません。

そういった場合には「甘くない糖質もあって……」「炭水化物は糖質と食物繊維で……」などと細かい説明をするより、「米・パン・麺などの甘くないものも糖質ですのでそちらも控えましょう」とか、最初から「炭水化物を控えましょう」と説明した方が相手に伝わるかもしれません。

また、「フルーツは大丈夫！」「野菜なら大丈夫！」と間違った知識を定着させてしまっている人も多くいます。残念ながら、フルーツは太りやすく、血糖値もやや上げてしまいます。野菜についても、根菜類などは糖質を多く含んでいます。

さらには「ジュースは透明なものなら大丈夫！」などという独自の理論を展開した方も、過去にいらっしゃいました。当然ながら、甘い清涼飲料水は、透明でも多量に摂取すれば太ります。

フルーツや根菜類、清涼飲料水も少なくない糖分を含み、脂肪が付きやすくなることについては、追加で念押ししておくとよいでしょう。

「糖類ゼロ」表示が不誠実なワケ

よく、加工食品のなかで「糖類ゼロ！」と表示されているものをみますが、これらについてはよくよく注意する必要があります。この類の食品は、あくまで「糖類」が「ゼロ」に過ぎません。つまり、「単糖類（ブドウ糖や果糖など）」と、「二糖類（砂糖や乳糖など）」がゼロ、というだけです。これに含まれない、「多糖類（デンプンや糖アルコールなど）」はしっかり入っています。

基本的には「糖類ゼロ！」などという紛らわしい用語を使っている時点で、誠実ではありません。何なら添加物もタンマリと入っています。表示は、せめて「砂糖不使用」くらいにして欲しいところです。「糖類ゼロ」をアピールするような商品は買わないようにした方が良いかもしれません。

逆に、「糖質ゼロ！」や、「カロリーゼロ！」という表記のものなら、アピールや商品としては誠実さがあります。とはいえ、やはり添加物や人工甘味料は含まれることが多いので、摂取量や頻度には注意しましょう。

糖質は胃の動きをストップさせる⁉

糖質を口に入れた後は、噛んで細かくして、あとは胃腸へ運んで、腸から吸収！　という流れは、おおむね皆さんもご存じでしょう。ただし、これ以上、踏み込んだことをはっきりと知っている人は医療関係者や料理・栄養に関する人たちくらいです。「消化・吸収」などと一言で簡単に言いますが、私たちの体は、実は色々なことをしています。

物理的な力で食べ物のサイズを小さくするのは、口です。歯で噛んで、細かくします。同時に唾液腺から出ている消化酵素「アミラーゼ」がデンプンを消化し、もうひとつの消化酵素「マルターゼ」が麦芽糖（マルトース）を、ブドウ糖（単糖類）に分解します。

次に食道から胃に運ばれますが、実は、胃は糖質を分解できる消化酵素を分泌していません。このため、胃の中に糖質が入ると、胃壁の蠕動運動でコネコネされるだけで、分解はされないのです。

胃はすべての食べ物を消化しているイメージがありますが、実は糖質を消化することはできないのです。それどころか、糖質を摂取すると、胃には「糖反射」と呼ばれる反射が起きて、働きを停滞またはストップさせます。胃は胃液よりも濃い糖質をとると、胃の蠕動運動が15分以上、弱くなってしまう性質があるからです。しかも、最初の5分は、蠕動運動が完全に止まってしまいます。

これらのことから、逆流性食道炎や胸焼け、胃もたれ、二日酔いなどが起きる仕組みがわかります。糖質を多くとった場合には、胃の中に留まり続けるから、ということです。

もちろん、ジュースや重湯といった、液体状の糖質だけなら、それほど胃の中に留まりません。これは、胃カメラを行ったときに、よくわかります。

朝食を抜いてもらった患者さんに胃カメラ検査をすると、胃の中に残っているのは糖質と食物繊維だけです。2～3時間で胃からなくなる場合もありますが、もっと長時間、胃に留まり続ける場合もあります。

胃の中にモノが入っている間、胃からは胃液が出てきますし、糖反射で胃の蠕動運動が弱くなっていると、逆流する可能性が増えます。逆流すると胃の上にある食道に胃液が届いてしまい、食道炎となります。胸焼けもこの時に感じます。

実際に、私も糖質まみれで2度肥満だった頃は胸焼けがひどく、毎日強い胃酸を抑える薬を飲んでいました。糖質を抜くようになってからは、サッパリ胸焼けは起きなくなり、薬も要らなくなりました。過剰な糖質は万病の元、という一例です。糖質を抜くことで、逆流性食道炎が起きづらくなります。

二日酔いも、この状態にアルコールが加わった状態です。こちらも糖質や食物繊維を抜けば、二日酔いは起きにくくなります。

胃の次は、腸を見てみましょう。

腸は大きく分けると、小腸(十二指腸、空腸《くうちょう》、回腸)、大腸、直腸の3つに分かれています。糖質は、主に小腸の一部である空腸で消化されています。空腸は小腸の5分の2の長さで、比較的、内容物が速く通過するため、内部が空《から》になっていることが多いことから、空腸という名前が付いています。

糖質が吸収される時は、主に単糖類の状態まで分解されてから吸収され、その後は血液にのって肝臓に運ばれます。**このときの「血液中のブドウ糖」の濃度が、いわゆる「血糖**

値」と言われるものです。

腸から吸収したブドウ糖などの栄養を運ぶ静脈系の血管を、「門脈《もんみゃく》」と呼びます。栄養を運ぶ専用のルートです。糖質だけでなく、アミノ酸などもこの門脈で肝臓に運ばれます。なお、脂質は門脈ではなくリンパ管に入り、運ばれていきます。

さて、ブドウ糖に話を戻しましょう。肝臓へ運ばれたブドウ糖のうち、50％程度はそのまま肝臓に蓄えられますが、ブドウ糖はそのままだと、人体にとって「劇物」になってしまいます。周りのものにくっついて離れなくなったり、ブドウ糖の濃度が濃くなれば周りの水分を吸い取ったりするためです。

このため、ブドウ糖は肝臓内では「グリコーゲン」という形に変わってから、肝臓に蓄えられています。グリコーゲンは必要に応じてブドウ糖にふたたび変換され、肝臓から血液中に放出されます。

肝臓を通過した後に、ブドウ糖は静脈によって心臓に運ばれ、今度は動脈に乗り移って全身に送り出されます。このとき正確には、小腸→門脈→肝臓→静脈→心臓→肺→心臓→動脈で全身へ、という流れで、肺も経由しています。

そして、全身の細胞は、血管からブドウ糖を取り込んでエネルギー源にします。

細胞にはブドウ糖専用の通路がある

「細胞がブドウ糖を取り込む」というフレーズは、よく目にしますね。では、細胞はどうやってブドウ糖を取り込んでいるのでしょうか？

細胞がブドウ糖にガブリと噛み付くことはなさそうだ、というのは誰しも思うことでしょう。では、勝手に染み込んでいくのでしょうか？

確かに、細胞の膜を通して、染み込んでいく物質もあります。酸素や二酸化炭素などは、細胞膜を通過して「濃い」方から「薄い」方に移動します。特に細胞膜を通過させるのにエネルギーも使いません。勝手に移動する、というタイプです。

では、ブドウ糖はどうかというと、細胞膜にある専用の通路を通っているのです。ブドウ糖専用の通路は、「ＧＬＵＴ（グルット）」と言います。ＧＬＵＴは、「glucose transporter（糖輸送担体）」の略で、このＧＬＵＴには色々な種類があり、かつては7種類と言われていましたが、現在ではＧＬＵＴ1〜12までと、「ＨＭＩＴ」の計13種類あることがわかって来ています。

ここでは、13種類のＧＬＵＴの中でも、特に有名な、「ＧＬＵＴ1」と、「ＧＬＵＬＴ4」の2つを押さえておきましょう。

ブドウ糖のとおり道「GLUT1」とは

GLUT1には、他と異なる大きな特徴があり、それは、「インスリンがなくてもブドウ糖を細胞内に取り込む」という特徴です。

つまり、**GLUT1が細胞膜にある細胞では、インスリンがないときもブドウ糖を細胞の中に取り込んでいます。人体の中でも糖質をエネルギーとして優先的に使う組織の細胞膜に主に存在しています。具体的には、赤血球、脳、腎臓、がんなどです。**

なお、「主に」と書いているのは、存在自体はほとんどの細胞にあるからです。特に、赤血球の細胞内には、脂質もエネルギーに変えることができるミトコンドリアがないため、エネルギー源は糖質しかありません。このため、赤血球には最も多い割合でGLUT1が存在しています。

さらに、**GLUT1は飢餓状態やがんでも増加します。各種のがんがブドウ糖をエネルギー源としたり、ブドウ糖の代謝産物で増えることが知られています。その時に、活発にブドウ糖を取り込むのが、このGLUT1です。**

GLUT1がどれくらいあるのかについては、研究室レベルでは現在、検査可能です。医療現場ではまだ検査はできません。

ブドウ糖のとおり道「GLUT4」とは

GLUT4は、筋肉のうちの骨格筋や心筋、脂肪細胞などに多く存在します。同じ筋肉でも、胃腸や血管、膀胱などの「平滑筋」には、GLUT4はそれほど多くありません。

GLUT4の特徴は、GLUT1とは逆で、「インスリンがあるときだけ」ブドウ糖を細胞内に取り込む、という点です。しかも、GLUT1とは違い、GLUT4は普段は細胞の「内部」にいます。インスリンが来ると細胞の表面、つまり細胞膜にGLUT4が移動し、**血液からブドウ糖がGLUT4を通って細胞内に入っていく**、といった流れになります。細胞の中を「ブドウ糖専用通路」のパーツが移動する、なんて意外とダイナミックですよね。

ただし、この「GLUT4が細胞内を移動する」といった辺りのことについては、色々と研究されている段階で、まだわかっていないことが多い状態です。

超話題の「痩せるクスリ」の名前の由来⁉ブドウ糖専用通路「SGLT」

GLUT以外にも、小腸や腎臓の細胞の一部には、「SGLT（エスジーエルティー）」というナトリウムとブドウ糖の専用通路が存在しています。

この響きに聞き覚えのある方も多いことでしょう。あの「痩せる糖尿病薬」として有名な「ＳＧＬＴ２阻害薬」と関係しています。

ＳＧＬＴのある細胞の外はナトリウムがたくさんあり、ナトリウムが細胞の中に入るのと一緒に、ブドウ糖も細胞の中に入っていきます。こういった「一緒に運ぶ」ものは、人体には何種類もあり、これらをまとめて「共輸送体」と呼びます。

ＳＧＬＴには、ＳＧＬＴ１とＳＧＬＴ２があり、腎臓の細胞膜には主にＳＧＬＴ２が存在しています。

このＳＧＬＴの働きをブロックして、尿にブドウ糖を出してしまって、血糖値を下げる薬があります。その働きのとおりの名前が「ＳＧＬＴ２阻害薬」です。**単純に血糖値を下げる以上に、心臓や血管の病気を防ぐ効果があることが注目されています。**

ただし、脱水や心筋梗塞、脳梗塞リスク、アシドーシスなどの副作用が各種あり、体重減少も数kgで止まるので、単純な痩せ薬としては使ってはいけません。

ＳＧＬＴ２阻害薬と「２」が入っていますが、おおむねどの薬も「ＳＧＬＴ１」の働きもブロックします。どの程度「２だけをブロック」するか、というのは各製剤によって異なります。

なお、今ではとても注目を浴び、重要視されているＳＧＬＴですが、実は１９０２年にその存在が発見された後、半世紀以上忘れ去られていた、という歴史があります。そんな

50年以上放置されてきたSGLTが応用されたSGLT2阻害薬が、2019年時点の売上が、日本国内だけでも700億円に達しています。

「ささいなこと」「どうでもいいこと」と思われていたことが、重要だった、というのはよくあることです。皆さんの周りの「ささいなこと」「どうでもいいこと」も、実は世界を変えることかもしれません。

ここで「SGLTが薬になってるんだから、GLUTの方も薬になってるんじゃない？」と思う方もいるかもしれません。しかし、残念ながら現在は薬になっていません。というのも、GLUTは先に説明したとおり、「阻害すると大問題」だからです。

SGLT2の場合は、阻害しても基本的には尿に糖がある程度の量、出ていくだけで済みます。ところが、GLUT1を阻害したら、赤血球はエネルギー源を細胞内に取り込めなくなります。結果、赤血球の細胞が生きられなくなるため、命に関わります。同様に、他のGLUTもあまり阻害するには向かない、と考えられています。ただし、GLUT阻害剤は存在するにはしており、動物実験などに使われています。

インスリンで太る＝脂肪細胞が大きくなる

さて、この細胞が持つブドウ糖専用のとおり道である、ＧＬＵＴ４まで説明することで、ついにわかってくることがあります。そうです、なぜインスリンで太るか？です。それについては、実はすでにサラッと説明しています。

「ＧＬＵＴ４は脂肪細胞に多い」
「ＧＬＵＴ４はインスリンがないとブドウ糖を取り込まない」

この2点です。

「太る」というのは、**「脂肪細胞が大きくなる」**ということです。そして、ＢＭＩでいえば**「27以上」**では**「大きくなる」**だけではなく**「脂肪細胞の数が増える」**という**状態**です。

ＢＭＩ27以上になると、単に脂肪細胞のサイズが大きくなるだけでは増えることのできない体重です。つまり、その頃には、

「脂肪細胞の数」自体が増えてしまっています。

この「細胞数が増えている」というのは、ある程度以上太っていると痩せづらくなる1つの原因です。

また、「サイズが一定以上になる」という状態でのみ、「数が増える」ということもわかっています。

（参考：https://jams.med.or.jp/event/doc/124071.pdf）

そして、そこまで脂肪細胞が栄養を蓄えるには、インスリンの作用が不可欠です。**インスリンによって、ブドウ糖が脂肪細胞に取り込まれ続けた結果、「大きくなる」と「数が増える」ということが起きてきます。この点が、まさにインスリンが「肥満ホルモン」といわれる所以《ゆえん》です。**

脂質を脂肪細胞に蓄えるのにも、インスリンが関係します。

逆にいえば、**インスリンがなければ、脂肪細胞にブドウ糖が取り込まれ続けることがなくなるので、太ることはありません。**

本書のメインテーマ、「内臓脂肪を落とす」という点で、インスリンがいかに中心的な役割を果たしているのかがわかります。

脂肪細胞の数が減る可能性は？

脂肪細胞が大きくなって太るなら、ではその数についてはどうなのでしょうか？「脂肪細胞の数は、子どもの時に決まり、一生ほぼ変わらない」、そんな話をよく耳にします。

しかし、「脂肪細胞の状態は変わる」ということが、最近になってわかってきました。さらに、脂肪細胞は肥満の度合いによって、様々な変化をすることも、次のような研究で知られるようにもなりました。「100人以上の脂肪細胞を実際に顕微鏡で調べた」という研究ですので、信頼性は高いと言えます。

「佐賀大学教授（当時）の杉原甫は、『肥満の科学』を主題に2003年に開催された日本医学会シンポジウムで、肥満は【肥大優勢↓肥大・増殖↓増殖優勢】と進行していくと述べている」

（参考：日本医学会 第124回日本医学会シンポジウム講演要旨「肥満の科学」71-81）

BMIという指標は、本書でも何度も出てくる用語です。その計算式は次のとおりです。

BMI＝体重(kg)÷身長(m)÷身長(m)

例：身長160cm（＝1.60m）、体重60.0kgの場合

BMI ＝60.0 ÷1.60 ÷1.60 ＝ 23.4

先の研究は、脂肪細胞がこのＢＭＩ値によっておおむね状態が分かれる、というものです。ＢＭＩ20～22の通常体重の場合には、脂肪細胞は球形をしており、直径は70～90μｍ（マイクロメートル）です。

それが、ＢＭＩ27～30となるとサイズが大きくなり、直径は１００～１４０μｍとなります。しかも、密集しているため球形になる隙間もなくなり、トウモロコシの粒のような形にパンパンに詰め込まれたような状態になっています。

そして、ＢＭＩ30～39になると、サイズアップとトウモロコシ状態に加えて、ついに本格的に脂肪細胞が増え始めます。さらに、ＢＭＩ40を超えてくると、さらに大幅に増加していることが観察されます。顕微鏡で見ると、小型脂肪細胞や線維芽細胞が増えていることを示すものが、多く観察されるようになります。

脂肪細胞の寿命は、10年

ＢＭＩ30を超えたあたりから非常に痩せづらくなるのは、こう

いった事情があります。脂肪細胞のサイズを小さくするだけではすっきりと脂肪が落ち切らないため、その状態で脂肪細胞の数が減るのを待つ必要があります。

では、どのくらいの期間で脂肪細胞の数が減るのかというと、脂肪細胞の「寿命」の長さが一つの目安になります。

２００８年に、スウェーデンの研究者が脂肪細胞の寿命を算出したところ、その結果は、何と10年でした。

（参考：http://www.jasso.or.jp/data/message/message_1701.pdf）

つまり、ＢＭＩ30以上になった場合には、「食事療法をがんばればある程度までは脂肪細胞のサイズが戻ることで体重が減る（数カ月～数年程度）。それ以下の体重になるには脂肪細胞の数を減らす必要があり、それには最大で10年程度かかる」

という長期戦が必要になるということです。

とはいえ、**10年の寿命がどれくらい残っているのかは、個々の細胞ごとに違うので、10年経っていきなり体重が減るのではなく、寿命を迎えた細胞が段階的に消えていくのにしたがって体重が減っていく、ということになります。残りの余命が1年の脂肪細胞もあれば、9年の脂肪細胞もあることでしょう。**

長年に渡って糖質を過食してきた「ツケ」が、わずかな期間でなくなる、という上手い話はありません。

また、どうしたら脂肪細胞の数を減らせるのかについては、まだ確たる研究結果は報告されていません。ネット上の記事には「(ダイエットで)脂肪細胞の数は減りません!」などと断言しているサイトも見かけますが、何ら確証はないのです。数が増えることがあるなら、数が減ることも十分にあり得ます。

そして、高度肥満などの「後天的に増える」条件・状況があるなら、「後天的に減る」条件・状況もあるかもしれません。もしかしたら「脂肪細胞の寿命が尽きる」以外にも、脂肪細胞の数を減らす条件があるかもしれません。

しかし、現状ではその「数を減らす」という条件は明らかではありません。いずれにしても「食事を変える」、という基本は欠かせません。

なお、24~48時間程度の短い断食を一定の期間(週単位)空けて繰り返すと、体重が減ることが知られています。しかし、この場合に脂肪細胞の数が減っているかどうかを確かめた研究は、まだ存在しません。

太る原因はこの2つ！

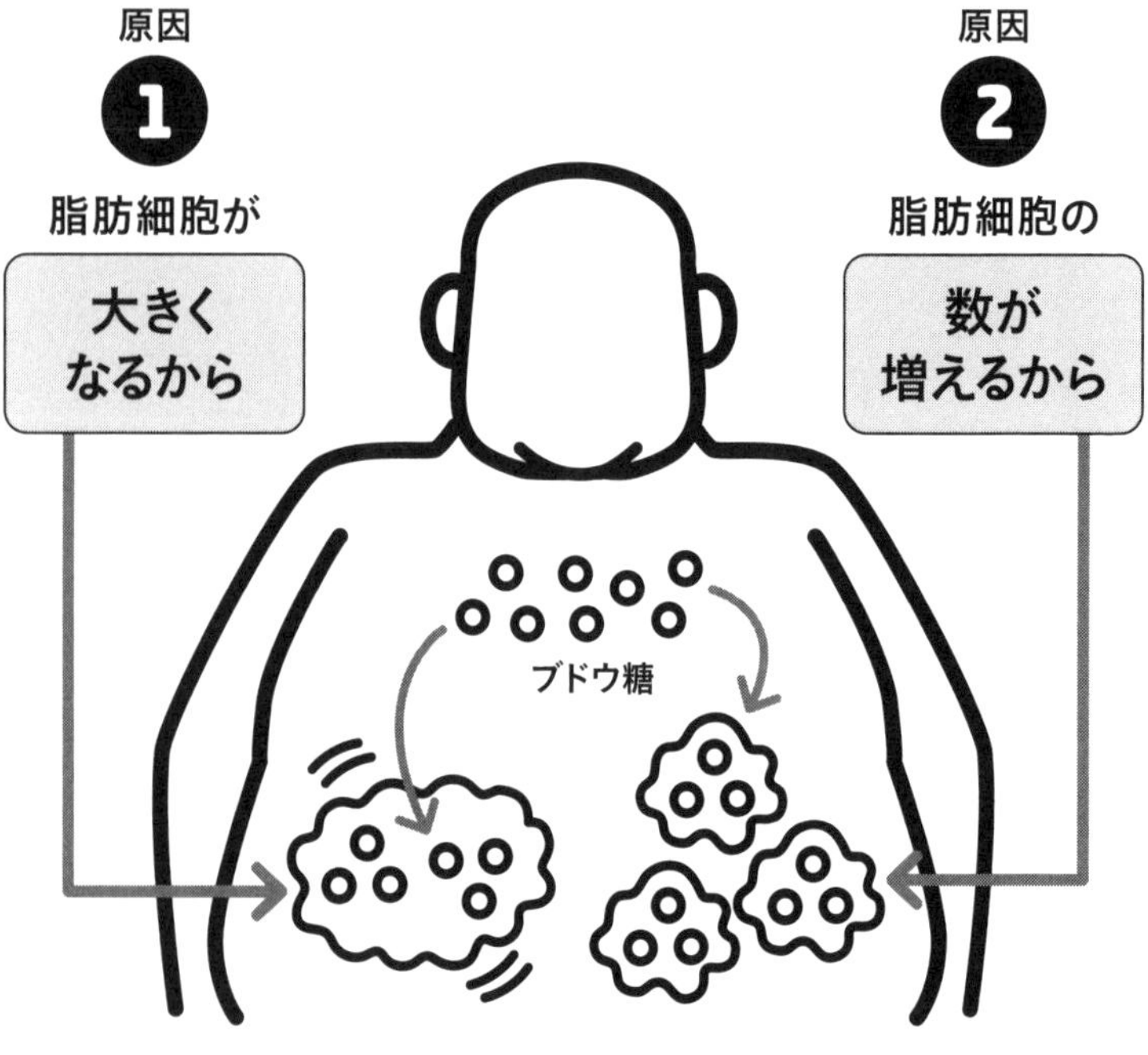

脂肪細胞は
「一度増えたらもう減らない」と
いわれてきましたが、
最近になって“減る可能性”が
示唆されるように！

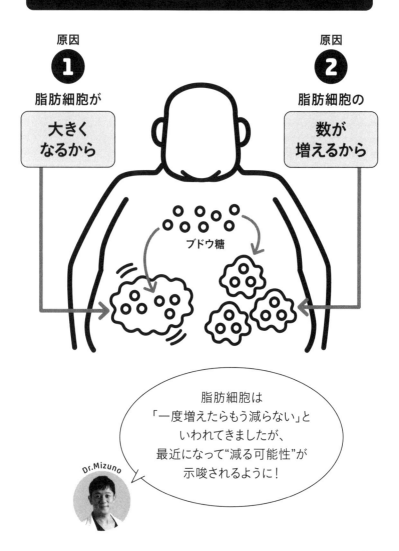

糖質がエネルギーに変わる3ステップ

ここまでの話で、
①今ある内臓脂肪を減らす
　↓脂肪細胞に蓄えたエネルギーをいかに使うか？
②内臓脂肪を増やさない
↓糖質摂取をいかに減らすか？
この2点が、重要ポイントであることがわかりました。
まず、細胞内に入ってきた糖質がどういう過程でエネルギーに変換されているのかについて、説明していきましょう。
糖質をエネルギーにするには、体内で次の3STEPを経ています。
STEP1　解糖系　代謝される場所：細胞質
←
STEP2　TCA回路　代謝される場所：ミトコンドリア
←

STEP3　電子伝達系　代謝される場所：ミトコンドリア
↓
ATP（エネルギー）産生！

この各ステップは「代謝経路」とよばれ、セットで起こっていく酵素反応です。

この3つ目の「電子伝達系」というステップで、ついに細胞が使えるエネルギーの「ATP」というものを作り出します。

なお、最初のステップ「解糖系」は、細胞の中の「細胞質」で行われます。そして、次の2ステップ「TCA回路」と「電子伝達系」は、細胞内のエネルギー工場ともいえる「ミトコンドリア」の中で行われます。ちょっと下ごしらえしてから、工場に送る、といった流れです。内臓脂肪を燃やすためには、脂肪を燃やしてエネルギーに変換する工場である、このミトコンドリアの正常化が必須です。

ミトコンドリアが正常に働くためには、酸素・ビタミン・ミネラル・タンパク質（アミノ酸）などが必要です。これらの栄養素が不足すると、糖質が燃やされないばかりか、タンパク質や脂質からもエネルギーが産生されなくなります。

栄養不足でミトコンドリアの機能が低下すると、乳酸がどんどんたまって体内が酸性に傾くことも知られています。

すると何が起こるのかというと、体温が下がったり、ダルくなったり、疲れやすくなったり、糖質をたくさん欲するようになります。糖質大好き！　スイーツ大好き！　という糖質過多の栄養失調の方に見られがちな現象です。

人間が本来持っている効率の高い代謝は、ミトコンドリアが正常であってこそ、起こすことができます。

糖質を内臓脂肪としてため込まないためには、ミトコンドリアがガンガン働けるように、体内に栄養をしっかり満たしておくことが必要です。私がしばしば「肥満している人は全員、栄養失調」と口にするのは、こうした理由があるからです。

糖質摂取による「偽りの満腹感」から脱出しよう

スイーツ、主食などの糖質をとると、血糖値が上がります。その状態にあるとき、何と「ストレス耐性」が上昇することが知られています。アメリカのスタンフォード大学で心理学講座の受講生たちが、自分達の体で実験した、なんていう話もあるくらい有名です。

「まるで、エネルギーが足りなくなると、最悪の自分になってしまうかのようです。これとは対照的に、血糖値を上げる飲み物を与えられた人たちは、最高の自分を取り戻すことができました。つまり、粘り強く、衝動に流されず、考え深く、思いやりのある自分になれたのです。

ご想像のとおり、授業でこの研究結果について話すと、受講生たちは大喜びします。まったく、思いがけないうれしいニュースです。糖分はいきなり大親友になりました。チョコバーを食べたりソーダを飲んだりすることが、自己コントロールにつながるなんて！

受講生たちはこれらの研究を大変気に入って、その仮説をみずから検証しようと張りきりました。ある受講生は大変なプロジェクトを完成させるためにフルーツキャンディを手放さないようにしました。別の生徒はミント味のタブレットの缶をいつもポケットに入れておき、長いミーティングのときはそっと口に入れ、同僚たちよりも集中力を持続させようとがんばったのです。」（『スタンフォードの自分を変える教室』（ケリー・マクゴニガル著・大和書房）より）

さらに、糖質をとると「幸せな感じ」がすることを皆さんはすでに知っています。

え？　知らない？

そういう方は、あなたが「満腹感」と思っているのが、その「幸せな感じ」です。おなかに食べ物が入っていることを満腹と思わずに、糖質摂取による「幸せな感じ」を満腹感だと勘違いしている人が、実はほとんどなのです。試しに糖質を控えた食事を続けると、

「おなかに食べ物が入っている」のと「糖質摂取による幸せ感」の違いがわかるようになります。この糖質摂取による偽りの満腹感から脱することが、糖質依存を脱することにつながります。

では、なぜ糖質摂取の満腹感(満足感)は、偽りなのでしょうか? 糖質摂取による血糖値上昇から感じる幸せ感も、れっきとした満腹感の1つではないのでしょうか? これには、2つの理由があります。1つは、これは人類の長い歴史から見ると完全に異常事態だからです。もう1つは、その「幸せな感じ」自体が、偽りだからです。

偽りの理由1：本来の健全な満腹感ではないから

現代日本には、白砂糖や小麦粉などを代表とする精製された糖質があふれています。そのような糖質を摂取すると、血糖値が急上昇します。

しかしながら、こんなことは人類の何百万年もの歴史上、ありませんでした。人類が精製された糖質を短期間のうちに大量にとるようになったのは、まだほんの数十年前からのことです。

今はそれが当たり前になっていますが、その当たり前は、人類にとっては異常事態に他なりません。糖質オフ初心者さんたちは、よく「食べた気がしない」といいますが、その「食べた気」というのが、まさに、この偽りの満腹感のことです。血糖値の急上昇によって感じる「幸せな感じ」を、満腹感だと思い込んでいるのです。

糖質を控えると、このような食後の血糖値急上昇が起きません。このため、偽りの満腹感を感じることもなくなるため、糖質オフの初期は「食べた気がしない」のです。しかし、それこそが健全な本来の満腹感なのです。

本来の満腹感をしっかりと感じるためには、胃に食べ物が入っていることに意識を向けましょう。意識が向く方向を変えることで、たった数日で本来の満腹感に慣れることができるようになります。慣れるまでは、物足りない時に純粋な脂質か糖質の少ないタンパク質を摂取するようにしましょう。

純粋な脂質とは、バターや牛脂などの糖質がほぼゼロなもの。糖質の少ないタンパク質は、ある種のナッツ類、その他には、ある種のおつまみ系のものなどが当てはまります。詳細は、8章からのタンパク脂質食の章で後述します。

偽りの理由2　血糖値上昇による満腹感はそれ自体が偽りの感情

「人類史上、初の異常事態＝偽り」という面の他に、実はもう1つの偽りがあります。それは、血糖値上昇による「幸せな感じ」自体が、「偽りの幸せ感」ということです。

糖質摂取後に起こる血糖値上昇は、脳内でドーパミンの分泌を引き起こします。このドー

パミンによって刺激される大脳の「側坐核」という部位は、「快楽中枢」とも呼ばれていま
す。しかし、ドーパミンは幸福感自体ではなく、その「予感」しかもたらさないことが知
られています。ドーパミンは、幸福感・多幸感に関連するとされてきましたが、実は幸福
感自体ではなく、その「予感」をもたらすに過ぎないということです。

つまり、ドーパミンは「あともう少しであの幸せな感じが訪れる！」という強い感情を
引き起こしますが、実際にはその後に「幸せ」は訪れません。

偽りの満腹感から抜け出すためには？

この「偽りの満腹感」を食後に感じたい！　というのも糖質に依存する要素の1つです。
糖質オフを確実に続けるには、「胃に食べ物が入っている」という本来の満腹感をしっか
り把握することが大切です。「偽りの満腹感」をいつまでも求め続けていると、血糖値が上
がるまで食べ続けてしまいます。

また、胃にモノを入れても血糖値が上がってくるまでには、時間差があります。早食い
の人は、この時間差の間にさらに糖質を摂取してしまいがちです。よく「早食いが太る」
というのは、この血糖値上昇までの間にさらに糖質を摂取するからです。

当然ながら、インスリンもドバドバ出るため、体脂肪もガンガン増えてしまいます。さ

らには、大量に分泌されたインスリンによって血糖値が急激に下がることから、食後2時間もすれば、強い空腹感すら感じるようになってしまいます。

「あれだけ食べたのに、もうおなかすいた」という現象は、これが原因です。

時間間隔をあまりあけずに糖質を食べ続けることで起こる、このような「負のサイクル」（左ページ参照）が、高度肥満の場合には起きています。

この「負のサイクル」を断ち切るには、最初の「過剰糖質の摂取」をやめることです。そのためには糖質をしっかり抑え、「胃に食べ物が入っている感覚＝本来の満腹感」に意識を向けましょう。そして、物足りなさを感じたときには、先の通り、純粋な脂質か糖質の少ないタンパク質を摂取してください。

胃に食べ物が十分に入っていれば、それは満腹なのです。そうした健全な「本来の満腹感」を味方につけることで、糖質オフがはかどるようになります。

過剰糖質摂取による負のサイクル

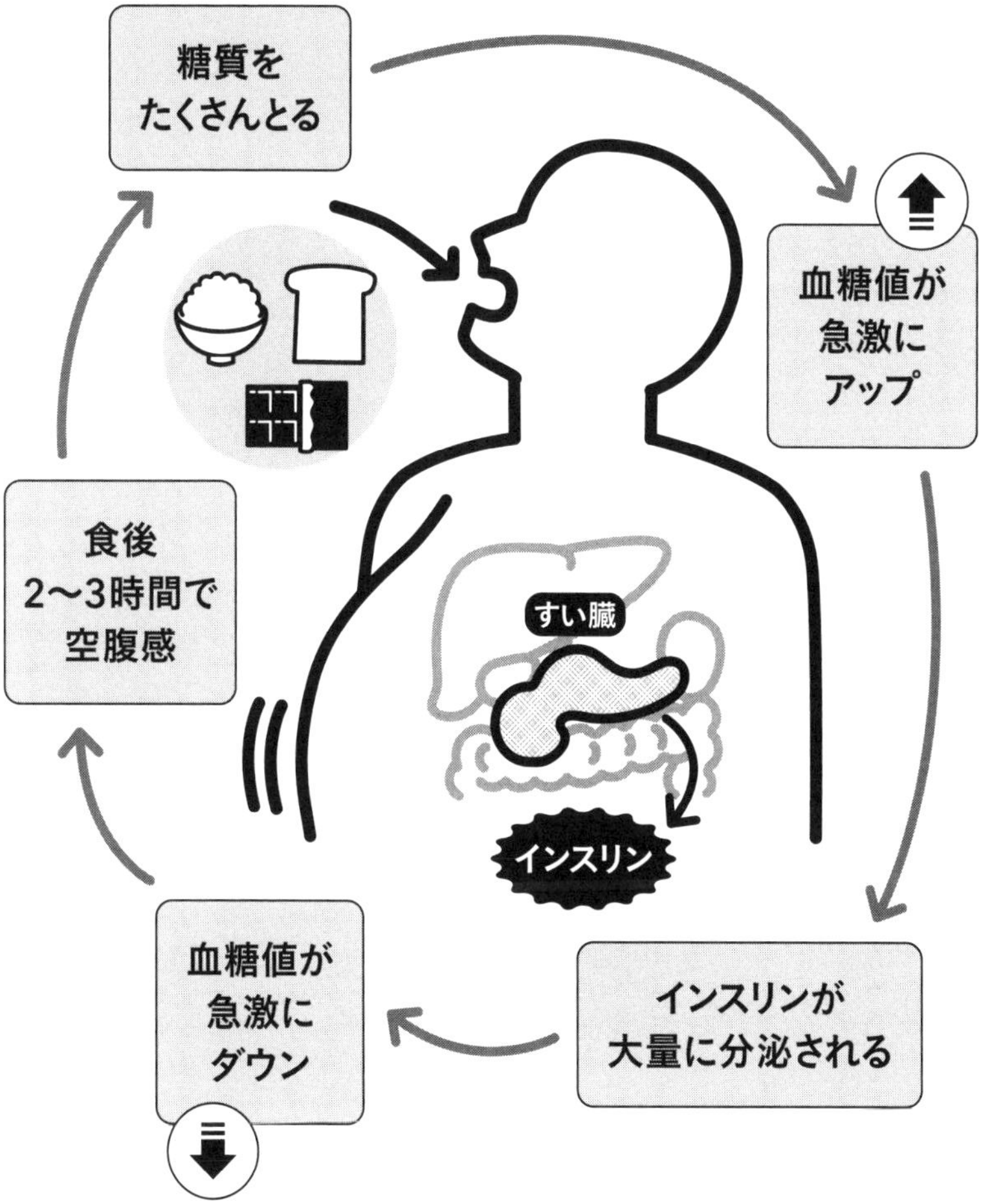

糖質を
たくさんとる
血糖値が
急激に
アップ
すい臓
インスリン
インスリンが
大量に分泌される
血糖値が
急激に
ダウン
食後
2〜3時間で
空腹感

第4章

「内臓脂肪が燃えない体質」になる理由

脂肪を燃やすサイクルを動かす栄養素とは

内臓脂肪が燃えない人は全員「栄養失調」

内臓脂肪を増やさない方法は、糖質をオフする食事にスイッチするということが前章でおわかりいただけたことと思います。

しかし、これだけではすでについている内臓脂肪を減らす効果は期待できません。というのも、**もともと内臓脂肪を増やす食生活をしていた方は、ほぼ「内臓脂肪が燃えない体質」になっているからです。つまり、内臓脂肪を燃焼させようとしても、その燃焼機関が壊れているため燃えません。**いつまでも内臓脂肪はついたままになります。

そして、現代日本では、多くの人がこの「脂肪の燃焼機関」に不具合が起きています。

本章では、その脂肪燃焼の不具合がなぜ起きているのか？　あなたの内臓脂肪が燃えない体質なのはなぜなのかについて、見ていきましょう。

最初に答えを出してしまうと、内臓脂肪が燃えない体質の理由は、以下の栄養失調が原因です。

・タンパク質不足
・鉄不足
・ビタミン不足
・ミネラル不足
・カルニチン不足

次から、順に見ていきましょう。

【脂肪燃焼の不具合・その1】 タンパク質不足

子どもや青年、中高年や高齢者まで、すべての年代にわたって、日本人は総タンパク質不足といってもいい過ぎではありません。

体の構成成分は、水とタンパク質と脂質で9割を占めています。そのタンパク質が不足していては、他に何をしても体調や病状などは改善しません。現代日本では、これほど重要なのに、これほど軽視されている栄養は他にないといってもいい状態です。

本書では繰り返し強調していきますが、

「タンパク質は最重要」です。

多くの人はまったく実感していないでしょうし、ほとんどの管理栄養士や医師もこの事実を知りません。

「脂肪の燃焼機関」も、タンパク質でできています。タンパク質不足の状態では、「脂肪の燃焼機関」にガタがきても、直すことすらできません。

人間の体は作りっぱなしでは、ガタが来てしまいます。このため、絶えず「壊して・また作る」というサイクルを繰り返しています。髪の毛も、皮膚も、血液も、内臓も、常に作っては壊して、壊してはまた作ってを繰り返しているのです。「脂肪の燃焼機関」も同様に、このサイクルが必要です。

ところが、タンパク質不足のままでは、それができません。建物を建てたままメンテナンスをしないのと同じで、すぐにボロボロになってしまいます。

そして、タンパク質不足のままでは故障もキッチリ治すことができなくなります。

また、タンパク質不足のまま糖質オフをすると、エネルギー不足になってしまいます。タンパク質は基本的には、肉、卵、ホエイプロテインの3つで補給します。これについては、「タンパク脂質食」の章で詳しく後述します。

非常に大切なのに、とても軽くみられているために、多くの日本人がタンパク質不足です。筋肉がムキムキの人達以外は、ほぼタンパク質不足と思っていいでしょう。

筋肉が発達している人達は、タンパク質をとても多く摂取しています。アスリートやボディビルダーは、1日に体重（キログラム）の3倍程度のグラム数のタンパク質を摂取するのが通常です。例えば、体重60キログラムの人なら60×3倍で、180グラムのタンパク質摂取になるわけです。

一方で、一般の日本人は、タンパク質を同じ数値の1倍のタンパク質でさえもとれていないのが現状です。このため、**タンパク質不足がある方に私が推奨しているのは、体重の2倍のタンパク質の摂取です。体重60キログラムの人なら、60×2倍の120グラムのタンパク質を1日に摂取するわけです。**

タンパク質不足の解消後はもう少し減らしてもかまいませんが、残念ながら、実際にはなかなか解消されることはありません。

特に、長年のタンパク質不足がある場合、さらにはベジタリアンで痩せている人などは、タンパク質不足が過剰に進んでいるために、「タンパク質摂取ができない」というジレンマに陥りがちです。

このため、タンパク質不足の解消には、何年もかかるのが普通です。

【脂肪燃焼の不具合・その2】　鉄不足

タンパク質に次いで大切なのは、「鉄」です。

「脂肪の燃焼機関」自体が、タンパク質でできていることは説明しました。

鉄は、脂肪の燃焼機関で脂肪を燃やすのに必須の栄養素です。

今まで「脂肪の燃焼機関」と書いてきたものは、正確には細胞内の「ミトコンドリア」のことです。ミトコンドリアは、原始的な生物だった段階で細胞内に入り込み、ヒトと「共生」しているもの、とされています。細胞の中に、「ミトコンドリア」という細胞のようなものがある、というイメージから、そう考えられています。

ミトコンドリアの大きさは0・5～10μmで、1つのヒトの細胞の中に数百から数千もの数が存在しています。人間の小さな細胞1つ1つに、無数のミトコンドリアが存在しているのです。

このミトコンドリアの中で、糖質や脂肪酸、タンパク質などが代謝されて、エネルギーに変換されています。タンパク質を糖質に変える糖新生も、ミトコンドリア内で行われます。

ヒトの全身の細胞の中で、ミトコンドリアが存在しないのは赤血球だけで、それ以外のすべての細胞の中に、ミトコンドリアは存在しています。重量でいえば、人間の体重の約10％もの重さを占めているといわれています。とても多いですね。

ところで、一般にはあまり知られていないことですが、鉄不足はほとんどの女性と、メタボや生活習慣病やメンタルに問題のある男性の多くに、当てはまります。

私は、これまでにこの事実を何度も数冊の著作で書いてきましたが、それを知った多くの担当編集者が自らの血液を医療機関で調べたところ、全員に鉄不足があることが判明しました。特に女性については、鉄不足じゃない人を探す方が難しいといえます。

それほど、日本は鉄に関しては異常事態になっています。そして、そのことについてまだ知らない人が多く、さらには多くの人が鉄不足と気がつかずに、様々な症状に悩まされているのです。

本当は怖い鉄不足

日本でこれほど多くの人が鉄不足なのは、次の5つの「日本固有の事情」が関係しています。

①食物に鉄を添加していない
②医療機関でも「異常なし」と判断される
③植物性信仰などの対策間違い
④日本だけおかしい鉄サプリ
⑤母親ゆずりの鉄不足

次から順に説明していきましょう。

鉄不足の原因① 食物に鉄を添加していない

欧米では、小麦粉に鉄の添加が義務付けられているのをご存じでしょうか？　多くの国では、同じように、国策として食品への鉄の添加が義務付けられています。

各国の鉄添加の状況は次のようになっています。

小麦粉：米国、カナダ、英国、スウェーデン、トルコ、タイ、
　スリランカ、中南米など22カ国
精製糖：グアテマラ
とうもろこし粉：ベネズエラ、メキシコ
塩：モロッコ
米：フィリピン
醤油：中国
ナンプラー（魚醤）：ベトナム

こんなにも多くの国で、鉄添加が国を挙げて行われているにも関わらず、日本では鉄の添加は行われていません。その結果、多くの日本人が鉄不足となっています。

鉄不足の原因②　医療機関でも「異常なし」と判断される

鉄不足が進行すると、各種の症状が出てくる人は少なくありません。症状が強くなると、医療機関を受診しますが、各種検査をしても「異常なし」の判断です。

例えば、ひどい頭痛です。画像検査で脳のＭＲＩやＣＴなどが行われます。最近では検

査されることが減ってきましたが、ときには脳波検査も行われます。そして、採血検査も割と行われます。その結果、「異常なし」となってしまうことがあります。

日本では多くの鉄不足が発見されません。鉄不足とされるのは、最重症の鉄不足があり、さらに貧血が生じてきた場合のみです。この場合、体内の鉄は限りなくゼロに近づいています。そして多くの鉄不足では、貧血までは起きません。

例えば、わたしが過去、勤めていた医療機関で10日間、外来で鉄に関する検査をした女性6名の結果は、次のような数値でした。「Hb（ヘモグロビン）」は血液の赤い色素（血色素）、「フェリチン」は別名「貯蔵鉄」ともいわれ、細胞の中の鉄の量を反映しています。

Hb11.5、フェリチン9
Hb12.0、フェリチン7
Hb12.0、フェリチン8
Hb12.3、フェリチン6
Hb12.5、フェリチン13
Hb14.2、フェリチン9

女性のヘモグロビン（Hb）の基準値は、おおむね11～14g／dLです。検査会社ごとに基準値は微妙に異なっており、この検査会社ではヘモグロビンは11・2〜15・2g／dLが基準値でした。

一方、フェリチン（単位：ng／ml）は40以下で、最重症の鉄不足状態です。健康的な数値は100以上です。

たった10日間の測定でも前述のような状況でしたから、いかに鉄不足が見逃されているか、わかるかと思います。

さて、先述のとおり、日本では食物への鉄の添加が行われていません。そして、その結果として、多くの人が鉄不足となってしまっています。

こうなってくると、実は「基準値」自体が変わってきてしまいます。この「基準値」「基準範囲」の決め方はご存じでしょうか？　ざっくり言えば、病気のない健康と考えられる人を集めてきて、95％の人に当てはまる範囲が「基準値」「基準範囲」となります。

日本人の多くが鉄不足だと、鉄（特に貯蔵鉄＝フェリチン）の数値も、下がってしまい、当然ながら診断の「基準値」も下がってしまうことになります。鉄を食物に添加している国と比較すれば、この基準値の違いは一目瞭然です。

アメリカの有名な医療機関、メイヨークリニックでは、女性のフェリチンの基準値は11〜307ng／mlです。

（参考：https://www.mayoclinic.org/tests-procedures/ferritin-test/about/pac-20384928）

一方で、日本の医療機関（というか検査会社）の基準値は、4〜96ng／mlといった値です。高めの基準値でも、せいぜいが150ng／mlまでです。

このために、医療機関で採血検査をしてフェリチンの数値を測定しても、100以下で「鉄不足」なのにもかかわらず「基準値内＝異常なし」と判断されます。重症の鉄不足のフェリチン40以下ですらも、「基準値内＝異常なし」です。このため、鉄不足があり、その症状が出ていても、ほとんどの医療機関で「各種精密検査で異常なし」「特に原因は見当たらない」といった結果になることは、非常によくみられます。

フェリチンの基準値が、アメリカと比べると「半分以下」という現状があり、実際には「不健康なほど、低くなってしまっている」というのが日本の鉄不足が異常に多くなっている背景にあるのです。

栄養に関しての問題が主原因の場合に、よくこういった「各種精密検査で異常なし」「特に原因は見当たらない」といった結果になっています。

鉄不足は当然ながら、鉄の補充でしか改善されません。

薬を何種類も飲んでも、鉄を補充しなければ永遠に症状は消えません。鉄不足が原因で頭痛になっているのに、何種類も薬が処方され、「抗てんかん薬」さえも処方されている例を実際に診たことがあります。大病院の専門外来で、です。

鉄の補充さえすればよくなるのに、それなしで通院を続けても、永遠に解決されません。ほとんどの日本の医療機関での鉄不足の扱いは、こういった状況です。

医療機関の女性職員で、頭痛のため仕事を休む必要がある方を実際に診たことがありますが、鉄を補充することで、その後は休む必要がなくなりました。

「鉄を補充するかどうか?」、たったそれだけで、大きな違いがあります。大げさでも何でもなく人生が変わります。

鉄不足の原因③ 植物性信仰などの対策間違い

外来などで「鉄不足ですね」といった話をすると
「ほうれん草をとればいいんですね!」
「ひじきを食べればいいんですね!」
という言葉がよく返って来ます。確かに、ほうれん草には鉄が含まれます。しかし、これは「植物性の鉄」です。植物性の鉄は、動物性の鉄とは違う構造をしており、その吸収率は、何と動物性の鉄の「5分の1以下」に過ぎないということは、あまり知られていない事実です。ほうれん草を毎日、バケツ4杯も食べられるでしょうか?　現実的ではありませんね。

では、同じく鉄が豊富なイメージがある「ひじき」はどうでしょうか？

以前のひじきには、たしかに鉄が多く含まれていました。しかし、これはひじき自体に鉄が多いわけではなく、その下調理で鉄鍋が使われていたためです。調理にアルミ鍋やステンレス鍋が使われるようになった現代では、含まれる鉄はほぼ期待できません。もちろん、鉄鍋で調理すれば、ひじきに限らず、ある程度の鉄は摂取できるでしょう。


一方、動物性の鉄を多く含む代表格であるレバーならどうでしょうか？　こちらは吸収率に優れた動物性の鉄なので、期待が持てそうですが、その量は足りるでしょうか？

鉄不足がある人は、その解消のために1日に100㎎ほどの鉄が必要です。鉄不足が顕著にあった私の患者さんの中には、止血剤と鉄剤300㎎／日ですら、体内の鉄の維持がギリギリできる、という方が何人もいました。生理の出血量が多かったり子宮筋腫などがある場合には、出血量も増えるため、こういった事態になります。

レバー100gあたりに含まれる鉄は4～13㎎です。つまり、鉄不足がすでにある場合には、レバーも毎日毎日、数kgも食べなくてはいけないのです。

これらの事情があることから、食事から鉄不足を解消するだけの鉄を摂取することは、現実的ではないと私は考えています。

鉄不足の原因④ 日本だけおかしい鉄サプリ

先のように、食べ物で鉄不足を解消できないとしたら、現実的にはサプリメントしか選択肢がなくなります。ところが、ここでも「日本の特殊性」が発揮されています。それについてもあまり知られていないので、詳しくお伝えしましょう。

全世界に流通している鉄のサプリメントは、ほとんどが「キレート鉄」というタイプです。これは、人体にある鉄（＝ヘム鉄）とは違って、もう少しシンプルな構造をしています。また、医療機関で処方される鉄剤は、このキレート鉄やヘム鉄とも違った構造をしています。

整理すると、鉄に関するサプリメントや処方薬のタイプは全部で次の3つになります。

①ヘム鉄
②キレート鉄
③医療機関で処方される鉄剤

物質としての大きさも、この順になります。ヘム鉄が最も大きな構造をしており、医療機関で処方される鉄剤が最も小さな構造です。人体にある鉄（＝ヘム鉄）は、いわば「でっかい構造の中に鉄原子が1つ包み込まれている」という状態です。

一方で、キレート鉄はヘム鉄よりはシンプルなアミノ酸で鉄原子を包み込んだようなものです。キレート鉄は、全世界で流通しているだけあって、いいとこ取りの性質を持っています。体積あたりの含まれる鉄の量が多く、吸収率がよく、胃腸に優しいという性質です。また、値段が比較的安いのもメリットです。

なお、医療機関で処方される「鉄剤」は、さらに剥き出しに近くなります。クエン酸などしか鉄原子にくっついていないからです。その分安価で、体積あたり大量の鉄分を含みますが、「胃腸に厳しい」というデメリットがあります。なるべく胃腸にやさしくなるように各種の加工がされてはいますが、それでもやはり、キレート鉄よりは飲んだ後にムカムカするなどの不快感が起きやすくなります。

日本ではどのタイプの鉄サプリが流通しているのかというと、ヘム鉄です。今までの説明だと、人体の中にある鉄と同じものなので、とっても体にいいような気がしますよね？

確かにそういう側面はあります。

ヘム鉄は、口から摂取できる鉄のタイプの中では、最も胃腸に優しいという特徴があります。ただし、ヘム鉄の吸収率はキレート鉄とそんなに変わりません。そして、値段が比較的高く、含まれる鉄が少ない、というデメリットがあります。

私は、高いヘム鉄サプリメントを何年も飲み続けたのに、鉄不足がまったく改善していなかった症例を、実際に何例も診たことがあります。そのため、ヘム鉄はその量の少なさから、私は鉄不足の解消にはほぼ結びつかないと考えています。

なお、日本ではキレート鉄のサプリメントの販売は認可されていないため、海外で作られた製品を選ぶとよいでしょう。

鉄不足の原因⑤ 母親ゆずりの鉄不足

鉄不足の原因①から④までのお話で、日本がいかに特殊かについて、おわかりいただけたことと思います。

この状況下の中ですから、当然ながら、子どもを生む母親のほとんどは鉄不足になります。これもあまり知られていないことなのですが、妊娠や出産、そしてその後の授乳には、一般の人が思っている以上に、非常に多くの鉄が必要になります。

人間には鉄が重要、とわかる1例をご紹介しましょう。

私が以前担当していた不妊治療をしていたある女性は、妊娠前から鉄などを積極的にとり、無事に妊娠することができました。その後もそのときどきの検査で、フェリチンの数値を採血で測定していましたが、十分と思われる量の鉄を摂取していても、ガンガン数値が下がるのには、私も驚きました。今でも忘れられません。その後、無事に出産してその赤ちゃんを連れてきてくれ、とても嬉しくなりました。

妊娠前から備えていても、出産までには相当量の鉄が必要になることがよくわかります。そして、出産後もそれは続きます。授乳が始まれば、今度は母乳を作るために鉄が大量に必要になります。この間、母親に鉄不足があっても、母体は自らの鉄をどんどん削り取って、子どもへ鉄を与えるように人間の体はできています。しかしながら、それも限界があります。母体の鉄が枯渇すれば、子どもは当然ながら鉄不足になってしまいます。場合によっては「胎児からずっと鉄不足」ということも、十分にあり得るのです。

日本では子どもの鉄不足がある場合には、母親も必ずタンパク質と鉄の摂取が必要です。母親のタンパク質・鉄不足を解消しないと、子どものタンパク質・鉄不足は解消されません。

日本の特殊性が重なりに重なって、非常に根深い問題になっていることがおわかりいただけたことでしょう。「鉄が足りない」。ただそれだけの非常にシンプルな話なのに、現代日本では、非常に根深い問題になっています。

【脂肪燃焼の不具合・その3】 ビタミン不足

内臓脂肪がたっぷりとついている人ほど、タンパク質、鉄はもちろん、ビタミン不足が顕著です。健全な代謝を支えるビタミンがないということは、当然ながら、脂肪を燃やす力も非常に脆弱になります。

現代日本の「普通の食事」は、「3食キッチリ主食をとる」というものです。

消費者庁の認可している「トクホ（特定保健用食品）」にも、「食生活は、主食、主菜、副菜を基本に、食事のバランスを」という表示が義務付けられているのが、象徴的です。このような「糖質盛りだくさん」の食事では、その他の各種栄養素が必然的に不足してしまいます。

まず、ビタミンB群とCは水溶性ビタミンのため、体内に蓄えることができません。他の脂溶性ビタミンは、体脂肪に蓄えることができますが、B群やCの場合は、一生懸命とっても、使えない分はそのまま尿に出ていってしまいます。

栄養剤や栄養ドリンクなどを飲んだ後に、尿の色が黄色くなっているのを見たことがある人は多いことでしょう。あれはビタミンB2の色なのです。ビタミン摂取の上級者になると、この尿の黄色の程度をチェックすることで、摂取したビタミンB群が効いているかどうかを判断する人もいます。

まずは、**この不足しがちなビタミンB群とビタミンCを積極的にとることが、脂肪燃焼体質へ近づくためのスタートラインです。しかも、先にお伝えしたとおり、蓄えられない栄養素ですから、毎日の摂取が必要です。**

必要量のビタミンを食べ物だけで満たすのは無理

こう説明すると「では、何を食べたらいいのですか？」とよく訊かれますが、残念ながら、食事だけで必要なB群とCを十分に摂取するのは、ほぼ不可能といえます。

例えば、ビタミンCであれば、レモンでとるとすると最低でも毎日150個が必要になってしまいます。B群も同様に、十分に食事からとるのは現実的ではありません。B1、B2、B3など、各種のビタミンBを含有する食品を毎日キログラム単位でとる計算になってしまうからです。とても食べきれるものではありません。

ビタミンは、サプリメントを活用するのが現実的で、有効といえます。

ただし、国内で店頭販売されているものの多くは、私にいわせれば含有する有効成分の量が少な過ぎるので、おすすめしていません。国内のドラッグストア等で店頭販売されていて実用レベルのものは、せいぜいビタミンC単独のサプリメントくらいで、よくあるマルチビタミン類は、どれもまったくの量不足のため、摂取してもあまり意味がありません。そのため、私はサプリメントは海外製のものをネットで取り寄せることをおすすめしています。

ちなみに、糖質の摂取を控えることで、ビタミンの消費量を減らすことができます。このため糖質オフが長くなった場合には、ビタミンの摂取量を減らせる場合があります。

また、注意が必要なのは、タンパク質不足がひどい場合には、ビタミン類を胃腸が受け付けないことがある、という点です。そして前述のとおり、現代日本人のほとんどはタンパク質不足があります。

「ビタミンのサプリメントでかえって体調が悪くなった！」というケースがよくありますが、サプリメント自体が体調不良を引き起こすのではなく、タンパク質不足が体調不良を引き起こした、ということです。

この場合は先にタンパク質の摂取量を増やし、タンパク質不足を解消した上で、ビタミン摂取を進めていくことが大切です。

【脂肪燃焼の不具合・その4】 ミネラル不足

「タンパク質」「鉄」「ビタミン」の次は、ミネラル全般についてお伝えしていきましょう。ご存じのとおり、鉄もミネラルの1種ではありますが、その存在と働きは非常に重要かつ、多くの人が不足しているという実態があるため、他のミネラルとは別に「その2」として先に挙げました。もちろん、鉄以外のミネラルも重要なので、ここでは、鉄以外のミネラル不足について説明していきます。

ミネラルの中でも、特に不足するものが「Mg（マグネシウム）」と「Zn（亜鉛＝英語でZinc）」の2つです。この2つのミネラルは、タンパク質や鉄と同じく、ほとんどの日本人に不足しているといっていいでしょう。

そして、この2つのミネラルは脂肪を燃焼してエネルギーを生み出す回路を動かす上で欠かせないものです。不足すると、脂肪燃焼が停滞してしまいます。

マグネシウムは、他の多くの栄養素と違って、食事から十分量摂取することのできる、数少ない栄養素です。「豆腐を作る際に使われる「にがり」や、天然塩などに豊富に含まれています。

また、マグネシウムは皮膚からも吸収することができるため、入浴の際にミネラルを多量に含む塩をお湯に溶かし入れることで補充ができます。お風呂に入れるマグネシウムとしては、「硫酸マグネシウム」が主成分の「エプソムソルト」が有名です。「ソルト」という名が付いてはいますが、硫酸マグネシウムの純粋な結晶なので塩分は含まれていません。


一方、亜鉛は貝類・肉類・豆類などに含まれてはいますが、いずれも微量なため、こちらはマグネシウムと違って、食事から十分量をとることが難しいといえます。特に、現段階で不足している場合には、速やかに不足を解消するためにも、サプリメントでとる必要があります。

ただし、亜鉛不足の人のほとんどは、タンパク質不足も同時に抱えています。タンパク質不足が重い場合には、亜鉛を胃が受け付けないことが少なくありません。胃壁も消化液も、タンパク質でできているためです。タンパク質不足の人のなかには、亜鉛が負担になってしまい、胃もたれや吐き気を起こす人もいます。

このため、ビタミン類と同様に、ミネラルをとる前にタンパク質不足の解消が必要になります。

【脂肪燃焼の不具合・その5】 カルニチン不足

栄養に関して意識が高い方は、「カルニチン」という名前を聞いたことがあるかと思います。

ちなみに、よく似た名前の「オルニチン」と混同している人が多いのですが、こちらはカルニチンとはまったく違う栄養で、貝のシジミに含まれている成分です。

カルニチンは、アミノ酸が3つつながった比較的シンプルな構造をしており、体内でとても重要な役割を持っています。それは「長鎖脂肪酸を燃やすことをサポートする」という役割です。

私たちの体脂肪は、脂肪細胞の内部の大部分を占める「脂肪滴」という形態で蓄えられています。その成分は中性脂肪がほとんどで、さらにその多くは炭素数が16〜18という「長鎖脂肪酸」が占めています。その長鎖脂肪酸を燃やすときに、ビタミンCとともに、カルニチンが必須なのです。

「脂肪の燃焼機関」の実態が、細胞の中に数多くあるミトコンドリアであることは先に説明したとおりです。

脂肪細胞に蓄えられた長鎖脂肪酸は、脂肪細胞の中にある脂肪を分解する酵素「リパーゼ」によって、「脂肪酸」と「グリセリン」というものに分解されて、血液中に出されていきます。そして血流にのって、各細胞の中へとり込まれていきます。

ただし、細胞内に入っただけでは、まだ燃えることはできません。その細胞内の中にある燃焼機関である、ミトコンドリアの中まで入り込まないと、燃やすことができないからです。

長鎖脂肪酸がミトコンドリアの中へ入り込むためには、ビタミンCとカルニチンの両方が必要となるのです。どちらか一方でも不足すると、長鎖脂肪酸は「脂肪の燃焼機関」であるミトコンドリアの中に入っていくことができないので、燃やしようがない、ということです。

ちなみに、「長鎖」以外の脂肪酸である、「短鎖」と「中鎖」の脂肪酸の場合は、ビタミンCもカルニチンも不要になります。短鎖脂肪酸と中鎖脂肪酸は、ビタミンCもカルニチンがなくてもミトコンドリアの中に入っていけるからです。

“脂肪の燃焼機関”ミトコンドリアに必要なもの

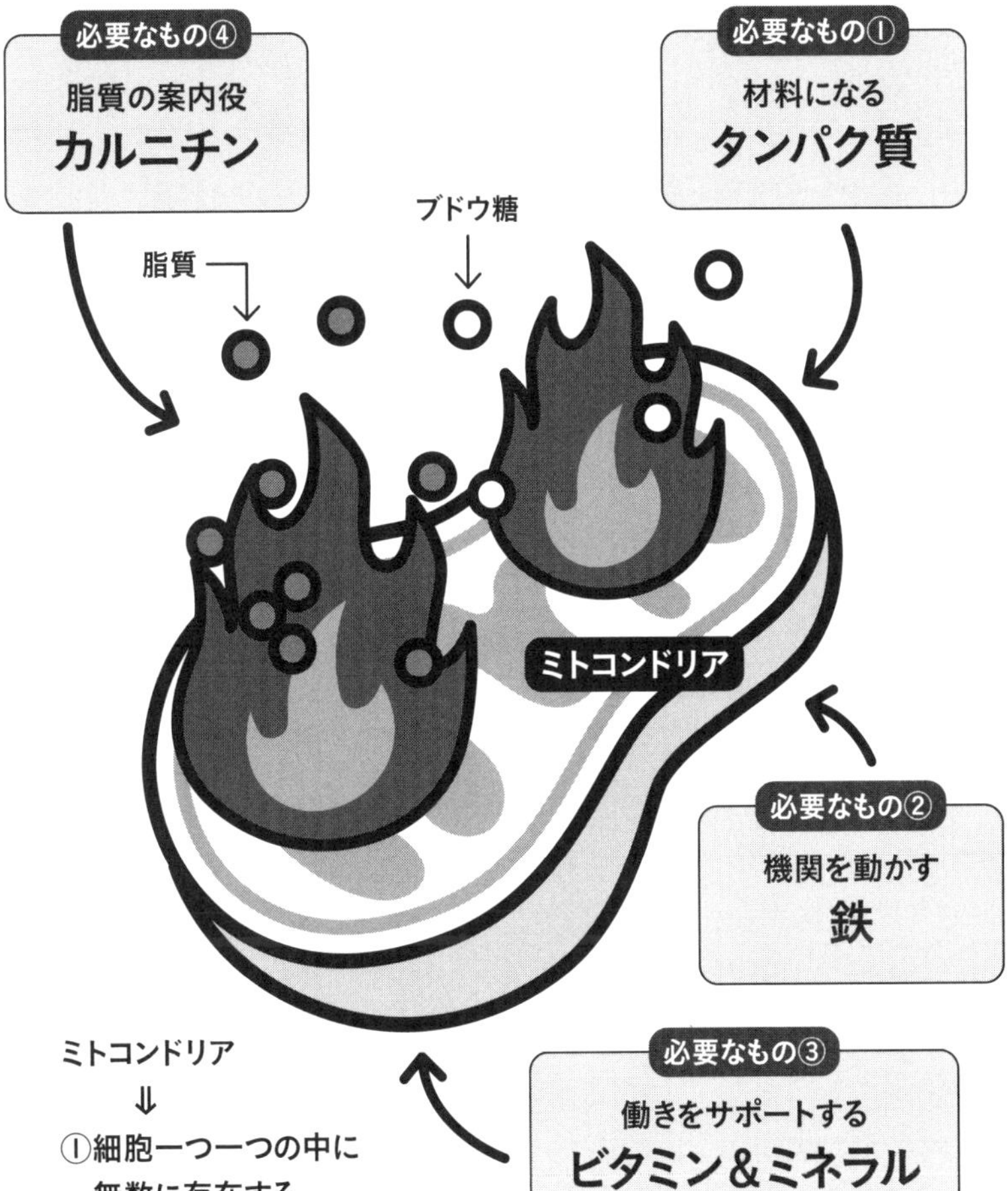

第5章

内臓脂肪を増やすNG食習慣

「当たり前」「バランスが良い」が危ない⁉

「フツー」のダイエット方法で内臓脂肪が増えてゆく

「ダイエットをしよう！」そう思い立った人が最初にすることは、

・ウォーキングなどの有酸素運動
・野菜を多くとる
・豆腐や納豆などの大豆製品をとる
・肉類や卵は控える
・食べる量や回数を制限する。もしくは3食キッチリ食べる
・カロリーを控える

・バランス良く食べる

といったことが多いかと思います。

10人中、9人以上が思い浮かべる「フッー」のダイエット法です。しかし、この「フツー」こそが、クセモノです。この「フッー」の対策をした結果、痩せても体力がなくなったり、なぜかむしろ太ったりします。当然ながら、内臓脂肪も増え続けてしまいます。間違っている方向にがんばって進めば進むほど、望むところからは遠ざかってしまいます。南に行きたいのにひたすら北に進んでいる……といったことになってしまいます。

さきほどの「フッー」の対策がいかに「不健康」へとつながるか、次から一つ一つみていきましょう。

一般的な食事で角砂糖50個分！ツワモノは角砂糖１００個分⁉

さて、それぞれの間違った対策に触れる前に、対策以前……つまり、特にダイエットを意識していない、一般的な日本人の食事に潜む罠について触れてみましょう。

基本的に、現代の日本人の食事には、過剰な糖質があふれています。多くの人は1日3食とり、毎食、米、パン、麺などの主食をしっかりとっています。

その例として、よくある「朝・昼・夕」の食事のパターンと、その糖質量をざっくりと見ていきましょう。

ちなみに、角砂糖1個（3g）に含まれる糖質量は、そのまま3gです。

一般的な朝食の糖質量

主食がトーストの場合は、6枚切り1枚で糖質量は約30g。2枚なら50g以上になります。

朝にフルーツやジュースなどをとる習慣がある人も多いと思いますが、リンゴ1個（250g）の糖質量は約35g、オレンジジュースは1杯（200cc）で約20g。簡易なエネルギー源として人気のバナナは、1本（100g）で約20gに迫る糖質量です（品種やサイズによって前後します）。

和食の場合は、ごはん茶碗1杯（150g）で、糖質量は約55gです。

一般的な昼食の糖質量

昼にラーメンを食べるビジネスパーソンは多いと思いますが、その糖質量は1杯で約60gです。もちろん、種類によって実際の糖質量は多少異なりますが、それでもかなりの量になることは確実でしょう。

ランチによくある「ラーメン＋チャーハン」などの「ダブル主食」のセットを選ぶと、少なくない糖質量がさらに倍増します。餃子は6個で糖質量25～40ｇにもなります。

私自身、2度肥満で脂肪肝だった頃には、ラーメンにチャーハン・ライス・餃子などの追加をよくやっていました。どんどん体脂肪が増える食事です。

カレーライスは、ルーだけなら糖質量は10～20ｇ程度ですが、ライスと一緒になると、合計の糖質量は80～90ｇにもなります。

なお、「サラダも一緒にとってるから大丈夫！」と油断している方が多いのですが、実はあまり意味がありません。確かに、血糖値の上昇が多少ゆっくりにはなりますが、吸収される糖質の量自体にはほとんど変わりがないからです。残念ながら、「サラダをとっても太ることは太る」という結果に変わりはありません。

忙しい日はお昼は菓子パンだけということもあることでしょう。以前は私もよくありました。患者さんにも、そういった方が多くいらっしゃいます。

菓子パンは1つで糖質が40ｇ以上、多いものはさらに上回ります。例えば、あんパン（ミニサイズではないもの）の糖質量は、60ｇ以上。メロンパンの糖質量は、80ｇに迫る勢いです。パン生地と砂糖の合わせ技で、少量なのにかなりの高糖質になっています。

ハンバーガーは1つで糖質量30g程度（小さめのもの）、ダブルのボリュームのものを選ぶと、1つで糖質量70g以上にもなります。付け合わせのフライドポテトはMサイズで糖質量50g、シェイクはMサイズで70g近くの糖質量です。

つまり、ダブルハンバーガー、フライドポテト、シェイクのトリプルセットだと、実にこの1食だけで糖質量が200g近くになります。角砂糖66個分にもなる糖質を短時間のうちに、おいしくペロリと食べられてしまうところが、ファーストフードの怖いところです。

スイーツの糖質量

プリンは1個（100g）で糖質量が15g程度、チョコレートは40g中の糖質量が20g程度あります。つまり、総重量の半分は糖質、と覚えておくとよいでしょう。ショートケーキは、糖質量50g近くになります。

なお、午後にこういった糖質をとると、貴重な「インスリンが出ていない痩せる時間」を減らすことになります。糖質量の多い間食をとるということは、自ら「痩せない時間」「太る時間」を作ることになってしまうのです。

また、食事と食事の間を十分にあけない習慣を毎日続けると、次第に満腹感や空腹感が狂ってくるということが、最近になってわかりつつあります。「時間になったから食べる」のではなく、「おなかが空いたから食べる」という習慣が重要です。

一般的な夕食の糖質量

1日の食事のうち、もっともボリュームが多いのは夕食、という人は多いことでしょう。また、夜の主食はごはん、という食習慣の人が多数を占めています。

前述の通り、ごはんは茶碗に普通に盛った量が150g程度、その糖質量は55g程度です。そこへおかずや調味料に含まれる糖質量がプラスされ、食後にデザートもとると、さらに糖質量アップ……結果、多い人は一食で糖質量100gを超えてしまいます。

さらに、夕食やその後にお酒を飲むことが習慣の方もいることでしょう。

日本酒は1合（180ml）の糖質量が9g程度、ビールは1缶（350ml）で糖質量は10g程度。梅酒は100mlで糖質量が21・5gです。甘いカクテル類なども1杯で糖質量は10～20g程度になります。

私が昔、よく飲んでいたカシスオレンジは、1杯で糖質量28gにもなります。当時、太ったのも納得の糖質量です。

先のような一般的な食事でも、1日の糖質量は150gを超え、さらに多い人では200g、300gというケースもよくあります。1日3食だけでなく、前述のような間食で糖質をとる場合には、さらに増えてしまいます。

1日の一般的な食事で、糖質の量をザッとみてみましたが、次は「状況別」で糖質の量を見てみましょう。

コンビニで食品を買うとき

ここでは少し趣向を変えて、糖質やドーパミンといった視点から、コンビニについて見て行きたいと思います。

ではまず、次の光景を思い浮かべてみてください。

あなたは今、コンビニの前にいます。いつものようにコンビニに入っていきましょう。あまり何も考えないで、「何か食べたいなあ……何がいいかなあ……」と、ふんわりした目的で入店することも多いことでしょう。自動ドアが開き、入店を知らせる短い音楽が鳴ります。

入店した瞬間に、目の前には、ジュースやポテトチップス、新作のスイーツやパンがこれでもかとギッシリ並んでいます。

「新発売！」とか「季節限定！」などのコピーとともに、目を引くための効果的な展示がされています。ヒトは「いつも同じ」ものには注意を引かれませんが、「何か新しい」ものには注意を引かれる、という性質があります。

一瞬、それらの食べ物が目に入りながらも、対して意識もせずに店内を進んでいきますが、実はその時点で……つまり、入店直後にズラリと並ぶ食べ物を目にした時点で、あなたの脳内には快楽をもたらす神経伝達物質「ドーパミン」がドバドバと出始めているのです。そうなると、欲求に対してストップをかけることが難しくなり、気がついたときにはお好みのスイーツやパンを2つ、3つと買い込んでいるのです。

そして、それを自宅で一口食べ始めたとたん、発動してしまうのが「どうにでもなれ効果」です。「節制してガマン」の状態から、1歩踏み外した時に発生する現象です。

皆さんも、「どうにでもなれ効果」が発動してしまったことは、数多くあることでしょう。「1口食べたなら、この際、いっぱい食べても同じだから、もういいじゃない」というアレです。

「どうにでもなれ効果」の対策としては、気づいた時に止めれば「それだけ傷は浅くすむ」ということを思い出しましょう。スイーツ1口と、丸々2～3個とは、やはり違うのです。「いや、まだ間に合う！」と思い直しましょう。

外食・テイクアウト・宅配で食べる時は？

パンデミックの後、テイクアウトという選択肢が増え、今ではすっかり定着しました。テイクアウトすることが多い「お弁当」は、そのご飯の量に注意が必要です。大きな容器の半分にライスがぎっちりと詰め込まれているため、茶碗によそわれたご飯を大きく上回る量になっていることがほとんどです。

提供する側からすると、ライスやパン、パスタはコストが安いため、できるだけこれらの主食を多くして、1~2品のおかずをちょこっと付属する……くらいにしたいのです。結果、全体を占める糖質の量はかなり多くなります。

その対策としては、テイクアウトの際におかずだけ購入したり、ライスを減らす、できればライスなしにするといった方法をとるとよいでしょう。

コンビニでも、サラダチキンやハム、ゆで卵など、タンパク質系のものを選べば糖質が少なくてすみます。高品質ではないものの、最近は液体状のプロテインも販売されるようになりました。

昼食で糖質オフしたい場合に、「昼食を食べない」というのも対策のひとつになります。糖質オフが進むと、血糖値の大きな変動がなくなるため、空腹感がなくなり、自然と1

日1～2食程度になる方は多くいます。私も基本的には1日1～2食です。3食とることはほとんどなくなりました。

テイクアウトの他、食事の宅配も、パンデミックで新たに定着した食習慣の一つといえるでしょう。

宅配といえばピザですが、Mサイズ1枚の糖質量は90～150gにもなるので、要注意です。最近では、通販で取り寄せられる冷凍ピザには低糖質タイプも登場してきたので、ピザ好きの人はこうした市販品の低糖質タイプを常備しておくとよいでしょう。宅配のピザのなかでは、残念ながらまだ低糖質タイプを見たことがありません。

低糖質ピザは自作も比較的簡単にできます。生地を糖質の少ない油揚げに置き換える人もいるようです。そうした工夫で、糖質量を減らすことができます。

では、すこし豪華なイメージのあるお寿司はどうでしょう。

寿司は1貫《かん》でおおむね糖質8gです(寿司2つで1貫とする場合もありますが、ここでは1つで1貫とします)。10貫食べれば、80gの糖質量となります。

最近はシャリを少な目にしたり、野菜に置き換えてくれたり、糖質をオフできる選択肢も用意してくれるお店が出てきました。宅配でも、こういったタイプが選べるところがあります。

ただし、糖質が少なめであっても、量を食べたら、結局は摂取する糖質量は多くなってしまいます。食べすぎには気をつけましょう。

2020年のコロナ禍における非常事態宣言のあと、スーパーやコンビニで食料品の買い貯め騒動がありました。その折は、カップ麺やごはん系のレトルト食品やパン類などの高糖質な食品が軒並み売り切れました。その一方で、ナッツやチーズなどの糖質が少ない商品は売り切れませんでした。いかに「食べ物」＝「糖質」という考えが、奥深く刷り込まれているかがわかります。

本書では当然、糖質オフ食品の備蓄をおすすめします。ホエイプロテインや、常温保存が可能なおつまみ系、鯖の水煮缶などの缶詰など、調理があまり必要ないものがよいでしょう。

夜に突然おなかが空いてうっかり口にしてしまっても、カップラーメンやパンやポテトチップスなどは甚大な被害をこうむりますが、これらの食品ならばさほど内臓脂肪を増やすこともないのでおすすめです。

まとめると、自宅での食事については次のようになります。

①加工食品の場合は低糖質タイプがないか確認して、あればそちらを選択する
②ごはんや麺など高糖質な主食は他のものに置き換える工夫を考える
③できるだけ主食は抜いて「おかず単品」を習慣づける

こうした選択や工夫を重ねることが、確実に内臓脂肪を減らすことにつながります。

カロリー制限をしていると？

特にダイエットを意識していない、「フツー」の一般的な食事のなかに、内臓脂肪を増やす罠が隠されていることが前節でわかっていただけたことと思います。

では次に、「太った！　ヤバい！　痩せなくちゃ！」と思い立ったとき、多くの方がやりがちな「フツー」のダイエット法に潜む罠について見ていきましょう。

まず、ダイエットを始めるとき、最初に頭に浮かぶのが「カロリー制限」でしょう。

ところが、カロリー制限・エネルギー制限をしている状態が長く続くと、第4章でご説明したような、栄養不足による代謝の低下がよりひどいレベルまで加速してしまいます。

さらに、そこにやはりダイエットを思い立った人がまず最初にやりがちなジョギングなどの運動をした場合、よりひどいことになります。

当たり前ですが、運動にはエネルギーが必要です。

1日3食、主食をとって、バランス良く食べている人は、体に糖があふれています。そのため、運動するときにはまずこの糖が使われます。そして、糖がひととおり使われた後に、ようやく体脂肪が燃える……といった流れが通常です。

しかし、糖を日常的に過剰にとっている場合、その代謝のためにビタミンやミネラルを多量に消費しているため、当然ながら体内にはビタミン・ミネラル不足が起きています。そして、前述のとおり、体脂肪を燃やすためには、ビタミンやミネラルは必須です。

そんな状態でエネルギーを口から摂取することなく、運動を続けるとどうなるでしょうか？

ビタミン・ミネラル不足で体脂肪（脂質）が燃やせないとなると、体は、燃やせるエネルギー源として、タンパク質をターゲットにし始めます。つまり、筋肉を削ってエネルギーを得ようとするわけです。

この体の働きを「糖新生」と呼ぶことは、すでにお伝えしたとおりです。

つまり、体に体脂肪を残したまま、ひたすら筋肉だけが減り続ける……という悪夢が起ころのです。

「食べて、寝て、痩せる」超理想的な糖新生サイクルの起こし方

ちなみに、糖質を控えてタンパク質をたくさんとったときにも、糖新生は起こります。

例えば、主食などの糖質をとらずにステーキ500gだけを夜に食べたとき、翌朝に体重が減っていることがよくあります。これは、寝ている間に、糖新生でエネルギーを使っているために起こる現象です。

ステーキ肉のタンパク質をターゲットに糖新生が起こり、エネルギー（糖）は作るものの、その過程でさらにエネルギーを使うため、結果的に痩せる、体脂肪が減る、ということが起こります。

このように、糖質を控えると理想的な糖新生が起こり、エネルギー消費量が増え（代謝が上がり）、体脂肪を減らすことができるのです。

ただし、繰り返しますが、糖新生を「メリット」にできるのは、「タンパク質不足がない」というのが大前提です。

逆に、痩せている人の場合は、糖新生を起こすと同じ理由からさらに痩せてしまいます。痩せ型の「糖質オフ失敗例」のほとんどは、この「糖新生でエネルギー消費してしまい、更

に痩せる」パターンです。この場合は、糖新生を起こさないように、脂質をしっかりとることが重要です。糖質も最小限はとってもかまいません。

このように、エネルギー制限、カロリー制限はダイエットどころか、健康を損なうほどの有害なものだといわざるを得ません。カロリーがいかに非科学的なものであるかは、第6章で後述します。

野菜を多くとると？

「ダイエットしよう！」と思い立ったとき、カロリー制限と同じくらい多くの方が思い浮かべるのが、「野菜をたくさんとろう！」です。

しかし、残念ながら、野菜を主とする食事では、健康的かつ効果的に脂肪を落とすことはできません。確かに多少、体重は減るかもしれませんが、思ったほどの効果が上がらないことがほとんどです。

しかも、残念なことに、内臓脂肪も減ることがないのです。

野菜たっぷりの食事でなぜあまり痩せないか？　というのは野菜の成分を考えればわかっ

てきます。たとえば、野菜には多くの食物繊維が含まれています。

食物繊維には「水溶性食物繊維」と「不溶性食物繊維」があります。その名のとおり、水に溶ける食物繊維が水溶性食物繊維、水に溶けない食物繊維が不溶性食物繊維です。

水溶性食物繊維は水をキープする性質が強く、体内で粘りのある状態となって胃腸内をゆっくりと移動するため、その他の栄養素の消化吸収をじゃまして遅らせる性質がありま す。また一部の有害物質をくっつけて、体外に出す効果もあります。いわゆるデトックス効果です。

不溶性食物繊維は、水に溶けないために腸を刺激して、腸の運動を活発にします。このため便秘に良いとよくいわれます。

たしかにそういう側面もありますが、便秘がひどい場合には、逆に水に溶けない繊維が腸にあることで腸内のボリュームを増やし、腸が詰まってしまうことがあります。ひどい場合には、「腸閉塞」という病気を引き起こしてしまうことも。不溶性食物繊維は便秘を改善することもあれば、逆に便秘をひどくするリスクもあります。

このように2種類ある食物繊維ですが、実は、どちらも人体では基本的に消化吸収されません。というのも、食物繊維自体が、「人間によって消化されにくいもの」という定義だからです。

つまり、腸の中で色々と効果を発揮しますが、人間自体の持つ消化酵素では消化できず、腸から吸収されることはありません。

ということは、他の体内に吸収される栄養素のように、代謝に直接的な影響は及びません。体重の変化という点では、便秘が解消された分の体重が減る程度です。

間接的には、食物繊維によって腸の炎症などがおさまれば、インスリンの効き目が増して（インスリン抵抗性が低下して）、体重が減りやすくなる効果があるかもしれません。健康面全体ではプラスの効果です。

しかし、間接的な影響に留まるため、それによる体重減少は限定的に過ぎないでしょう。

先に、「基本的に人体では消化吸収できない」とお伝えしたのは、例外的な人がいるためです。

青汁だけで他に一切食物をとらずに生きている人などです。この場合は、草食動物と同じように、腸の中で菌が食物繊維を分解して菌が増えます。一般的な人とはまったく違う腸内細菌になっていることが考えられます。その場合、その菌および菌が作り出した栄養を、腸から取り込みます。

食物繊維は直接的な消化吸収は無理ですが、腸内細菌を通して「間接的に」食物繊維を消化吸収している、ということも考えられます。

なお、大腸内の腸内細菌が食物繊維を使うことで、メタンガスが発生しますが、これがオナラです。オナラの原因が食物繊維であることは、意外に知られていない事実です。

また、同時に「短鎖脂肪酸」というものも腸内細菌は作っており、これは大腸の栄養になっています。脂肪酸のうち、とくに小さいサイズのもの(正確には炭素の数が6個以下のもの)を、短鎖脂肪酸と呼びます。

大腸は、この短鎖脂肪酸のみをエネルギーとして使っています。

栄養を吸収する大腸が、その栄養を使ってしまわないように、使うエネルギー源を短鎖脂肪酸のみに制限していると考えられています。

「野菜で痩せる」の深刻な弊害

もちろん、何ごとにも例外はあります。

「野菜を多くとろう!」と突き詰めた挙句、「断糖+完全ベジタリアン(ヴィーガン)」にまで徹底すれば、当然、痩せます。というのも、野菜でおなかがふくれて他をあまり食べなくなるためです。しかし、その場合、しばらくは調子が良いものの、長期間続けると大きな弊害が起きます。

野菜のみの食事では、不足する栄養素があるためです。特に、野菜でおなかが膨れる分、タンパク質が不足するケースが顕著に多く存在します。

そのタンパク質を植物性のものでとる場合にも、植物性タンパク質は消化吸収の効率が低いため、とった植物性タンパク質はあまり身になりません。

その結果、長期間に渡ってこういった食事を続けると、タンパク質が不足し、筋肉が減って、今度はガリガリの不健康状態になってしまいます。この状態になると、きっちりした高タンパク食に変更しても、栄養状態が改善するまでに3〜5年ほどかかります。

また、タンパク質不足が顕著な方の中には、自分の体についての考え、つまり「ボディイメージ」が崩れているケースも多くあります。痩せ過ぎの状態でも「まだ太っている」と考えてしまったりするケースです。それも、タンパク質不足改善を妨げる要因となっています。ガリガリに痩せてしまって歩くこともままならない……という状態になって、初めて「あれ？　何かおかしい」と気づく方もいらっしゃいます。こういった患者さんを何人も実際に診ましたが、消化能力の低下やボディイメージ障害から、きちんと高タンパク食が継続できず、改善には非常に時間と労力を要します。

長期間の「断糖＋完全ベジタリアン（ヴィーガン）」は、深刻なタンパク質不足になるという点で、非常に危険だと私は考えています。

魚や大豆中心の食事をすると？

「肉は太るから主に魚を食べています」というケースも、野菜志向と同じぐらい多いダイエットの罠です。

魚は良質なタンパク質ではありますが、1食で摂取できるタンパク質量が少ないというデメリットがあります。アジ1尾はタンパク質が約18g、鮭一切れ（80g）のタンパク質量は約13gです。対して、鶏もも肉1枚のタンパク質量は約48g、牛ステーキ肉（200g）のタンパク質量は約28gです。肉なみのタンパク質をとるために、1食で2尾のアジや、2切れの鮭の切り身を食べるのは、なかなか厳しいですし、飽きもくるでしょう。

このため、魚をメインにすると、タンパク質不足になりやすいといえます。もちろん、肉に飽きたときや、外食のときに楽しむ分には問題ありません。

豆腐、納豆などの大豆製品は、私たち日本人にとっては非常に身近です。

しかし、大豆はご存じのとおり、植物性タンパク質です。動物性タンパク質に比べて、消化・吸収の効率が低いのが特徴です。つまり、動物性タンパク質と同じ効果を得るためには、動物性タンパク質よりも多くの量をとる必要があります。

その一方で、私たち日本人の多くがタンパク質不足です。肉を毎日欠かさず500g食べているとか、プロテインやアミノ酸を欠かさず飲んでいるという人以外は、もれなくタンパク質が不足していると考えてよいでしょう。

そして、タンパク質不足の解消には、食生活を変えてから何年もかかります。医療機関でもよっぽどのタンパク質不足でない限り、指摘されることはありません。

タンパク質は、アミノ酸が50個以上つらなったものです。植物性タンパク質は、このアミノ酸の割合が、動物性タンパク質と違います。

動物性タンパク質の方が、生きるのに必要な必須アミノ酸が豊富に含まれており、その中でも筋肉を作るスイッチとなる「ロイシン」というアミノ酸の含有量が豊富です。

さらに、大豆に含まれる「フィチン酸」という物質は、各種ミネラルの吸収を抑えてしまうというデメリットな面もあります。

以上のことから、**大豆だけでタンパク質を十分量とることは難しく、ミネラル不足になる恐れもあります。やはり、タンパク質は、動物性タンパク質で必要量をとることが必要です。**

豆腐など、発酵していない大豆製品は、次のようなデメリットがある可能性も示唆されているので、参考にしてください。

・イソフラボンにエストロゲンのような作用があるため（植物エストロゲンともいわれます）、男性・女性の生殖機能へ影響する
・甲状腺ホルモン剤の吸収を抑えるため、甲状腺機能低下症で甲状腺ホルモン剤を内服中の場合は体内の甲状腺ホルモンが減少
（参考：https://www.nagasaki-clinic.com/topics/2019/210/）
・ヨウ素欠乏状態で、甲状腺ペルオキシダーゼの活性を抑えてしまう
（参考：https://www.fsc.go.jp/iken-bosyu/pc_daizuisofurabon170428.pdf）
・大豆に含まれるフィチン酸が、鉄、カルシウム、マグネシウム、亜鉛などのミネラルの吸収を抑えてしまう

こういった影響が心配な人は、フィチン酸が発酵の過程で失われている、納豆や味噌などの大豆製品を選ぶとよいでしょう。特に、納豆は体によい様々な影響があります。

肉類や卵を控えると？

プロテイン粉末やアミノ酸製品などをとっていない状態で、「やっぱり肉は油が多くて太るから……」と、間違った認識から肉や卵を控えてしまうと、タンパク質不足が進んでしまいます。

食品中でタンパク質を最も多く含み、しかも消化吸収の効率が良いのは、肉と卵です。魚は先の通り、タンパク質の性質としては良いのですが、実際にはあまり量をとれないため、タンパク質不足になりやすくなります。食物からタンパク質をとる場合には、肉や卵を中心に考えるほうが、効率的です。

タンパク質やアミノ酸の面から栄養価を算出する「プロテイン・スコア」や「アミノ酸スコア」でも、肉や卵は高点数です。

食べる量や回数を制限すると？

1日の食事の回数を減らす、というのもよく思い浮かべるダイエット方法ですが、実際には失敗することが多い方法でもあります。失敗の主な原因は2つあります。

(1) 消化吸収のフィードバック

空腹のときには、栄養を多く取り込もうと、消化や吸収の効率が上がります。つまり、食事と食事の間の時間を長く空けたときには、食べた食事がいつもより吸収されてしまいます。そのため、長い空腹の後に糖質の多い食事をとってしまうと糖質の吸収が良くなり、インスリンが大量に分泌されやすくなるため、結果、痩せるどころか逆に太ってしまうことがあり得ます。

(2) 食べ過ぎる

特に早食い・大食いタイプの人は、回数を制限すると、一回の量で食べ過ぎる傾向にあります。空腹感が強くなり、いつもより早く、そして多く食べてしまうためです。結果として、痩せるどころか、かえって太ることにも。

食事回数を減らす場合には、空腹時の食事は糖をキッチリ抑える必要があります。また食べ過ぎないようにする工夫も必要です。

タンパク質が不足している場合はタンパク質を多くとれば、不足の改善にもなります。タンパク質が足りている場合には、おなかが膨らみやすいスープ類や食物繊維が豊富な食品などが有効です。

1日3食、キッチリ食べると？

これも糖尿病や肥満の人が、よく栄養指導で言われる内容です。「バランスよく食べましょう」と並んで、「3食しっかり食べましょう！」と、連呼されています。これは、先のとおり、食事の回数を減らすと消化吸収する量が増えたり、食べ過ぎたりするためです。

しかし、全員が全員、1日3食が体に合うとは限りません。食べ過ぎなければ太ることはありません。

また、太らない組み合わせにすることで、空腹感を抑える方法はいくらでもあります。逆に、食事と食事の間を空けると、肥満に関するホルモンが正常化する、という可能性があります。それによって、むしろ無駄食いやドカ食いが減ったり、空腹感が減る可能性もあります。

いずれにせよ、自分に合った食事間隔・回数を見つけることが大切です。

1日1食でいい人もいれば、1日2食で済む人もいます。1日6回、小分けに食べるのが合う、という人もいることでしょう。

いろいろ試してみて、どんな食事間隔や回数で体重減少の効果があったか、続けやすかったかを検証しながら、自分にあった方法を見つけることが大切です。

バランス良く食べると?

トクホの認可を消費者庁から受けた場合に、「食生活は、主食、主菜、副菜を基本に、食事のバランスを」という一文を必ず記載しなければならないということは、先に述べたとおりです。

「バランス良く」というのは、このように、日常のなかで非常によく目にしたり、耳にする言葉です。しかし、「何に対してバランスを取るのか?」を考えることが、非常に大切です。

厚生労働省が推奨している「1日のエネルギーは炭水化物で6割、脂質2割、タンパク質2割のバランスでとりましょう」という食事指導は、実はまったくバランスが取れていません。

これは単に「一般的な日本人の食習慣だから」ということに基づいているに過ぎず、驚いたことに、人間の体に対しての科学的な根拠はまったくないのです。「健康に良いバランス」という科学的な根拠がない、ということです。

結果、一般的な日本人は内臓脂肪が増えてメタボになり、糖尿病になり、がんになります。


では、何に対して、バランスを取ると健康になれるのでしょうか?

それは「あなたが必要とする栄養素」に対するバランスです。

しかし、この「あなたが必要とする栄養素」の正確な量は、実は世界の誰ひとりとしてわかりません。これこそ、しっかりした科学的根拠がないためです。

唯一、わかっていることは、「炭水化物(=糖と食物繊維)を口からとらなくても死なない」ということだけです。あなたに必要な「タンパク質の量」も「脂質の量」も、正確に算出する方法は、科学的根拠がしっかり確立された方法というのは何ひとつなく、現代の科学においても、栄養に関してはわからないことがまだ非常に多いのです。

ですが、「わからない」というだけだと「じゃあ、どうしたらいいの⁉」となってしまうので、これについては、食事（タンパク脂質食）のことを扱う部分で詳しく書いていきます。

アルコールで脂肪の分解がストップする

ちなみに、「糖質の少ないお酒なら飲んでOK！」と考えている方は非常に多いと思います。確かに、焼酎やウイスキーなどは糖質が少ないので、インスリンがドバドバたくさん出ることはありません。しかし、**実は、お酒を飲むと脂肪の分解がストップしてしまうという事実は、あまり知られていません。**

お酒を飲んだ場合には、私たちの肝臓はアルコールの分解を優先的に行います。この間には、当然ながら、脂肪の分解がお休み状態になります。つまり、インスリンだけでなく、アルコールによっても「痩せる時間」が減ることになります。

そして、アルコールをとると糖新生もストップするため、血糖値が下がりやすくなります。その状態で更に、アルコールで理性を司る部分の脳もお休み状態になります。つまり、「酔っておなかが空く」感覚が強くなるのです。結果、ラーメンやスイーツなどの糖質をドカ食いする……というパターンになりがちです。

お酒を飲んでも痩せる人は痩せますが、その一方で、お酒で痩せない人も実はかなり多いといえます。
飲酒が習慣になっていて、どうも痩せないなあと感じている方は、一度お酒をやめてみることをおすすめします。

さて、ここまでで、ダイエットに対する「フッー」の考え・アイディアが間違いだらけであることがわかっていただけたことでしょう。そして、その最たるものがカロリー制限でしたね。
一般的な人がカロリー制限をすると、一般的な食事のバランスである「炭水化物6割＋脂質2割＋タンパク質2割」という比率のまま、全部の量を減らしてしまいます。この一般的な食事のバランスは、すでにお伝えしたとおり、糖質過剰のタンパク質不足を加速するバランスです。そのため、量を控えると炭水化物は過剰なまま、タンパク質不足はさらに深刻になってしまい、健康を損なうことになります。

カロリーに縛られている間は、内臓脂肪を減らして健康になることは不可能です。次の章では、カロリーがいかに非科学的なものであるか、カロリーに代わる栄養バランスの指標は何が適切かについて、お伝えします。

内臓脂肪を増やすNG習慣

第6章

カロリーに縛られているうちは痩せない

時代遅れの指標は捨てて「PFC量」へ！

「カロリー」の科学的根拠はゼロ

前章では、内臓脂肪を減らすどころか逆に増やしてしまいかねない、誤ったダイエット法や食事について触れてきました。そして、実はその最たるものが「カロリー制限」という考え方でした。

「脂肪を食べても太らない」というのは、すでにお伝えしたとおりです。この事実だけでもカロリーがいかに非科学的で、あてにならないものなのかがよくわかります。

ところが、カロリー理論はいまだに非常に根強く信じられていて、幅を利かせています。

栄養士やダイエットを指導する職業の方、医療の現場でさえも、いまだにカロリーにこだわっています。

ところが、**人間の代謝にとって、カロリーというものは科学的根拠がゼロです。ハーバード大学医学部も、2020年10月に「カロリー計算をやめるべきだ」と、改めて主張しました。**

（参考：https://www.health.harvard.edu/staying-healthy/stop-counting-calories）

最初に結論を出しておきます。以下のように考えを置き換えると、私たち人間の体の「代謝」に沿ったものになります。

旧：カロリー　↓　新：エネルギー

旧：食品などのカロリー表示　↓　新：PFC量表示

このPFCというのは、P＝タンパク質、F＝脂質、C＝炭水化物（本当は糖質）のことです。カロリーとともに、PFC量についても説明していきます。

この2つの「言い換え」が、より私たち人間の体に即した表現となります。

食べ物に火をつけて数値を決めている「カロリー」

カロリーは誰でも知っている言葉である一方、これほど大間違いの概念もありません。いまだにカロリーで物事を説明している専門家がいたら、かなりの時代遅れなのでそっと距離を取りましょう。

カロリーの数値をどうやって決めているかはご存じでしょうか？　簡単に言えば、「**火をつけて燃やしたときに、水をどのくらい温めるか？**」が、**カロリーです。**

カロリーのもともとの定義は「1グラムの水の温度を標準大気圧下で1℃上げるのに必要な熱量」、です。具体的には、「ボンブ熱量計（ボンベ熱量計、bomb calorimeter）」というものに、乾燥させた食品を入れて、酸素を入れて燃やし、容器の温度上昇からカロリー数を決めます。

この考え方は、1883年にルブネル（Rubner）という化学者が考案したもので、その後、色々と修正されていますが、基本的な部分はそのまま使われています。実に、130年以上経っています。

さて、ここで思い起こして欲しいのですが、私たちの体の中で、食べたものに火をつけているでしょうか？　答えは「NO」です。人類の歴史の中で食べたものに体内で火をつけてエネルギーを取り出す人というのは、1人もいません。

私たちの体内では、「酵素」によって、消化や代謝が行われています。当然、同じ物から取り出せるエネルギー量も、火をつけた場合と、酵素的な代謝の場合とでは、まったく違います。

「摂取カロリー」＞「消費カロリー」で痩せない⁉

カロリーを基軸にしたダイエット法でよくいわれる、「摂取カロリーよりも消費カロリーが多ければ、痩せる！」という理論は、一見、当たり前に思えるかもしれません。消費量が、入ってくる量を上回れば、痩せる。実にそれっぽい話です。

しかし、これが「カロリー」という話がベースにあると、一気に大間違いとなります。先のお話でいくと、まったく人体の代謝を反映していないからです。

まず、「摂取カロリー」について見てみましょう。

摂取カロリーは、食べる前の食物に火をつけて燃やしたものから決める数値です。

つまり、その人の体調や体質などは完全に無視しています。食べる前のものによって、100％決まっている数値です。

ここが、まず違います。なぜなら、摂取したものがどのくらいのエネルギーになるのかは、口に入れた後に体内で起こる色々で、その食べ物から作り出されるエネルギー量は変動するからです。

「変動？」と思うかもしれません。これは、同じものを食べても、太るときもあれば、変わらないときもあれば、痩せるときもある、ということです。

カロリー理論は、「同じものをとれば同じエネルギー量になる」という考え方になりますが、ここからして間違っています。同じものをとっても、そこから取り出されるエネルギー量は変わってきます。エネルギー不足の状態ならいつもより吸収されますし、少し前に食事をとり、エネルギーが有り余っているときには、吸収は減ります。

鉄・マグネシウムなどのミネラルやビタミンが不足していれば、エネルギー代謝がうまくいかず、取り出せるエネルギー量は減ります。

そのときどきで、同じものをとってもそこから取り出されるエネルギー量は変わるのですから、一生懸命カロリー計算をしても、その数値はまったくの無駄なのです。

「食べる前の数値」では、消化吸収や、そのときの体の状態で左右される「実際に作り出されるエネルギー量」とは大きくズレてしまうのです。

つまり、「摂取カロリー」∧「消費カロリー」という話は、最初の「摂取カロリー」の時点ですでに間違いを含んでいます。

調理で変わる？

固定数値の「摂取カロリー」が実際とズレる理由はまだ、あります。

実は、調理法によって、食べ物の吸収率が変わるのはご存じでしょうか？　生のままよりも、煮たり焼いたりした方が体内での吸収率はアップするのです。こういった簡単な処理だけでも、吸収率が大きく変動します。

つまり、同じカロリーならいつでも同じエネルギーになる、というのは間違いです。

消費エネルギーで変わる！

固定された数値の「摂取カロリー」が実際とズレる理由をもう1つ挙げましょう。

摂取した食べ物から「作り出されるエネルギー量」は、「消費されるエネルギー」によっても変動します。

次のような場合を想像すれば、すぐにわかります。

1日、何にもせずにゴロゴロしていたり、ほとんど座っているなど、エネルギー消費が少ない状態では、栄養の吸収も減ることがわかっています。

逆に、激しい運動をしてエネルギーをたくさん消費したときや、長時間食事をとっていないときには、吸収がアップすることもわかっています。つまり、同じカロリーのものをとったとしても、吸収される割合は私たちの状態によって変わるということです。

そして、「摂取カロリー」は固定の数値ですが、実際に作り出されるエネルギー量は同じ物でも変動します。

腸内細菌による「発酵」も無視しているカロリー理論

摂取カロリーが、実際とズレる理由はまだあります。

皆さんも、腸内細菌が私たちの腸の中で「発酵」を行っていることは、何となくご存じでしょう。その発酵は、私たちが生きる上で欠かせません。

例えば、大腸は腸内細菌が発酵で作る「短鎖脂肪酸」を栄養にしています。そして、大腸の細胞は短鎖脂肪酸以外の糖や他の脂質やタンパク質などは、栄養にすることができません。私たちの大腸の細胞は、発酵ありきで生きているのです。

他にも、腸内細菌はビタミンB3（ナイアシン）、ビタミンB6（ピリドキシン）、ビタミンB7（ビオチン）、ビタミンB9（葉酸）、ビタミンKなどを作っており、私たち人間はそれらを吸収して、体の正常性を保つことができています。

そんな非常に重要な腸内細菌は、腸の中で、実に100兆個ほど住んでいます。私たち人間の体の細胞数は約60兆個なので、それ以上の数です。そんな数多くいる腸内細菌は、私たちの便に混じって排泄されます。「混じって」というより、むしろ、便の半分以上の重さを腸内細菌が占めています。

さて、ここまでの説明で、すでに皆さんもお気づきのことと思いますが、カロリー理論は、この腸内細菌のことも完全に無視しています。というのも、カロリーの考え方が生まれた当時は、代謝とともに腸内細菌のこともわかっていなかったからです。**同じカロリーでも、何を食べたかによって腸で起こる発酵の結果は大きく異なり、得られるエネルギー量も大きく変わります。また、自分のおなかに住んでいる腸内細菌の種類や数によっても、得られるエネルギー量には差が生まれます。**

この発酵の結果を度外視して、発酵前にどれだけ燃えるかだけを考えて数値化しているカロリーは、エネルギー量を計る指標にはなり得ません。

「口からとった食べ物のカロリー」と、私たち人間が「腸から吸収するエネルギー量」がズレまくる、というのがよくわかる話です。

このように、食べた物を細菌が発酵に使い、発酵によって得られる成分を人間が腸から吸収しています。食べる前の食べ物からしか「摂取するエネルギー量」を考えないカロリー理論は、現実とは大きくズレています。

消費カロリーも変わる！

さて、ここまで摂取カロリーのズレについてお伝えしてきましたが、今度は、「消費カロリー」のズレを見ていきましょう。

カロリー理論では、基本的に「消費カロリー」も同じ運動量なら、数値が固定です。しかし、これも状況で変わってきます。

食べる物を減らせば、体は省エネモードになります。すると、同じ運動をしたときのエネルギー消費量も変わり、基礎代謝も変わります。同じ人でも変化することがあります。筋肉量が一定でも、体脂肪率が一定でも、消費エネルギーは変わります。

消費カロリーについては、「消費した酸素の量や、発生した二酸化炭素の量で消費カロリーはわかる！」という話があります。これについては、長くなりますので、最後の部分で個別に説明します。

同カロリーでも食品の〝質〟で内臓脂肪のつき方が大きく変わる

お伝えしてきたように、食べ物は食べた後に体内でどう代謝されるかによって、得られるエネルギー量は大きく変わります。そのため、食べる前の状態で火をつけたときにどれだけ燃えるかによって数値を決めたカロリーは、まったく当てになりません。

同じ100カロリーだとしても、糖質たっぷりの食品をとれば、肥満ホルモンのインスリンがドバドバ出て、体脂肪が増えます。その間、まったく体脂肪は燃えません。

逆に、100カロリーでタンパク質たっぷりで低糖質な食品をとった場合には、インスリンがそこそこ出て体脂肪の燃焼は一時的に止まります。

そして100カロリーの脂質のみの食品をとった場合は、インスリンはほとんど出ずに、食後も脂肪は燃え続けます。

このように、たとえ同じカロリー数だとしても、食品の質によって体の反応は大きく変わります。繰り返しますが、「同じカロリーなら、同じように太る・痩せる」なんていうことはないのです。


「カロリー理論」の間違いっぷりが最もわかりやすいのが、高タンパク食や高脂質食で「カロリーを増やしても痩せる」いうことです。この事実によって、「摂取カロリー」＜「消費カロリー」で痩せる、という理論ははっきりと否定されます。

なぜ痩せるかといえば、肥満ホルモンであるインスリンが、高タンパク食や高脂質食だとあまり出ないからです。インスリンの追加分泌（食後に追加されて分泌される分）がない間は、脂肪が燃え続けます。「痩せる・痩せない」に関しては、インスリンが最も大きな影響を与える因子の1つであることは、先にお伝えしたとおりです。

脂質いっぱいでカロリーが多い食事であろうと、インスリンが出なければ太りません。同じカロリーでも、糖質メインでとれば、インスリンが大量に分泌されて太ります。

食物繊維は「カロリーゼロ」じゃないの？

もうひとつ、カロリー理論の盛大な間違いに突っ込みを入れておきましょう。

それは、食物繊維にも「カロリー」を設定している点です。現代の栄養学では、食物繊維は1グラムで2kcalと設定されています。

ところが、食物繊維は人体のエネルギーにはなりません。さらには、腸から私たちの体内に吸収されることすらありません。口から入って、そのまま出ていく「エネルギー・ゼロ」の存在なのです。

それなのに、カロリー理論では「火をつけたら燃えるからカロリーがある」ということになります。そして、この食物繊維のカロリーは、食品の栄養表示をするときにも義務付けられています。「エネルギーがゼロ」でも、「カロリーはゼロではない」という事態が起きています。


その典型例が、甘味料のステビアです。

例えば、「ステビアヘルス」は、ハーブのステビアを原料とする糖類ゼロの甘味料です（参考：https://steviahealth-shop.com）。こちらの製品を例に挙げて説明しましょう。

見た目に真っ白な「ステビアヘルスホワイト」はカロリー90％カットで、みためが茶色い「ステビアヘルスブラウン」の方は、カロリー50％カットと表示されています（砂糖と比べた数値）。そして、この2つのカットされたカロリーのパーセントの違いは、含有している食物繊維の量によるものです。「ブラウン」の方が食物繊維が多く含まれているため、カロリーがホワイトよりも多く表示されているのです。

どちらも人体が使えるエネルギーとしてはゼロであるにもかかわらず、ブラウンのほうがカロリーが多く表示されるため「ブラウンの方が太りやすい」という印象を与えてしまうわけです。

カロリーの意味のなさ、大間違いっぷりが、如実に現れている1例です。

「カロリー」＝「エネルギー」の意味で使ってる？

さて、よくある話の一つに、カロリーといっているけど、「エネルギー」の意味で使っている、というものがあります。しかし、カロリーが含む意味は、単にエネルギーというだけではありません。カロリーといった時点で、次のような考えが付属することになります。

・火をつけて燃やした数値
・食べる前の状態で、人間がそこから取り出すエネルギー量が一定と考えている
・PFCが交換可能と考えている
・食物繊維からもエネルギーを作り出すと考えている

これだけの「間違った考え」がたっぷりとセットでついて来ます。カロリーといって説明した時点で、何をいっても「大間違い」となってしまいます。

今後は、カロリーではなく、エネルギーと言い換えましょう。

食物中の栄養はPFC量をチェック

では、**食物中の栄養を考える場合は、何をみたらよいのでしょうか？** それは、カロリーではなく「PFC量」です。

P＝Protain（タンパク質）、F＝Fat（脂質）、C＝Carbohydrate（炭水化物）という3**大栄養素**です。

本来は、食物繊維は体内に入らず代謝に影響しないので、炭水化物よりは糖質の数値を

使う方が良いのですが、英語圏では「糖質」という単語がないため、いまだに「炭水化物」が使われています。

「カロリーがどうこう」という専門家がいたら、その時点で、その専門家の言うことは無視した方がよいでしょう。栄養の「基礎の基礎」からわかっていない、と公言しているも同じです。

第7章

内臓脂肪が減らない運動、減らす運動

やればやるほど「脂肪が増える体質」になる運動とは？

本当に、運動で脂肪は減らせるのか？

健康診断などで「体重を落としましょう」と患者さんにいうと、すぐに「運動します！」とか「運動してなくて…」といった返事が返ってきます。

しかし、私は運動のみで体重を落とすことはお勧めしません。また、有効性という点でも、運動のみで体重を落とすのは至難の技といえます。

マラソン選手のように毎日、ものすごい距離を走り続けるようなハードな運動を続けない限り、体重を落とすことは不可能だといっておきましょう。

とはいえ、日本人もひと昔前の明治時代までは、かなりの運動量でした。

当然ながら、コンロをひねれば加熱調理ができる……ということはなく、薪を割ったり、火にくべたり。水が必要なときは井戸で汲み、掃除は掃除機ではなくほうきやぞうきん、洗濯は洗濯機ではなくタライと洗濯板を使うなど、体を常に動かす必要が、現代と比べられないほど多くあったわけです。

電車や自動車や自転車も普及しておらず、移動はもっぱら徒歩でしたし、仕事も座ってデスクワーク、なんていうことも一部の人を除いてはありませんでした。

現代日本人からすれば、考えられないくらいの運動量が、必然的に毎日、毎日、絶えることなく続いていたのです。

有酸素運動で太る体質になる⁉

ウォーキングや水泳などの有酸素運動が体に良いかどうか？　といえば、もちろん有酸素運動は体に良い影響があります。健康面だけに限らず、精神的にもメリットがあります。たった5分のウォーキングだけでも、心の健康が増す、といった報告もあります。

ただし、代謝の下りでもお伝えしたとおり、「優先順位」が重要です。なぜなら、「いわゆる有酸素運動を長時間する」というのは、デメリットもあるからです。

というのは、タンパク質などの栄養を摂取せずに長時間の運動をすることで、筋肉が減る場合があるからです。

タンパク質不足を放置したまま運動すると、体は体内のタンパク質、つまり、筋肉を削ってエネルギーを産生するしくみ「糖新生」を発動します。結果、筋肉を育てるどころか、かえって筋肉を減らしてしまい、さらに太りやすい体をつくることになってしまいます。

絶食中の運動では、体内の糖の蓄えが尽きると、脂質の代謝が始まります。しかし、運動量が多かったり、持続していたりすると、今度はタンパク質を糖質に変換することが始まります。これを、「糖新生」と呼ぶことは、先にお伝えしたとおりです。

そして、繰り返しになりますが、ほとんどの日本人はタンパク質の摂取量が不十分です。食べたタンパク質がある分には、その食べたタンパク質を利用してエネルギーへと変換されますが、それが尽きると、今度は体を構成するタンパク質を使い始めてしまいます。

それは、つまり「筋肉」などです。

絶食状態で長時間の有酸素運動を行うと、筋肉を分解して、糖（エネルギー）に変換する糖新生が始まってしまいます。

これが、有酸素運動のデメリットです。

筋肉が減ること自体が健康的ではありませんし、基礎代謝も下がってしまいます。安静にしているだけで使っていたエネルギーも、筋肉が減ることで減少してしまうのです。

つまり、無理に有酸素運動を長時間すると、筋肉が減って基礎代謝が下がり、かえって**太りやすい体ができ上がってしまいます。**

脂肪が燃える体質を作るには「筋トレ」

では、脂肪燃焼しやすい体を作るためには、どんな運動が効果的なのかというと、タンパク質を十分にとった上で、筋肉トレーニングをすることです。

筋肉を増やせば、基礎代謝も増え、さらにその他の運動時にもエネルギー消費量が増えて、痩せやすい体となります。

筋トレはジムに通ったり、トレーナーについたりするのが最も有効ですが、色々な事情でそれが難しい場合には、自分の体の重さを使った「自重トレーニング」や、ゴムのチューブや腹筋ローラーなど市販の器具を使った筋トレもおすすめです。

いずれにしても、間違った方法で行うと体を痛めてしまうので、十分に注意しましょう。

なお、私は腹筋ローラーを使っています。何カ月か続けて、ようやく少し膝を床につけないでできるようになってきました。

Amazonで、3,000円ぐらいで購入した腹筋ローラー。かなりやりこんでようやく少し膝をつけないでもできるように。

また、脚やおしりなど、エネルギー消費量が大きい筋肉を鍛えるのも、代謝アップには有効です。

そういう点では、スクワットがよくおすすめされていますが、やはり間違った方法で行うと膝や腰を痛めてしまうので、正しいやり方をよく調べてから行ってください。

なお、有酸素運動がまったくおすすめできないかといえば、そうではありません。

有酸素運動は、たった5分でも集中力が増したり、ストレスが減ったりといったメンタルに望ましい効果が得られます。そして、20~30分の運動をすると、ストレスがかかったときに分泌されるストレスホルモン「コルチゾール」の分泌量が少なくて済むようになる、ということもわかってきています。

コルチゾールは、副腎という腎臓の上にある小さな脂肪の塊にように見える臓器から分泌されています。コルチゾールは、私たちの体を「ストレスに対応できるように」してくれるホルモンです。

しかし、人類の長い進化の過程のなかで、このホルモンが必要になるのは、近代までは緊急事態の折のほんの短時間のことでした。猛獣から逃げる1時間だけ、コルチゾールを分泌すればよかったのです。

ところが、現在は「ストレス社会」などといわれるように、持続的にストレスがかかるため、コルチゾールが長時間分泌され続けるようになりました。人類の体は、コルチゾールの長時間分泌にさらされ続けることに適応していないのにもかかわらず、です。

そのため何が起きるかというと、脳の理性や記憶を司る「前頭前皮質」や「海馬」の萎縮です。脳細胞が通常よりも早く死んでいき、しかも増えにくくなります。最初は「短期記憶」から低下していきます。実際、ストレスがかかり続けると、ちょっとしたことが覚えづらくなります。

それだけに留まらず、**コルチゾールは過食の引き金になったり、「中心性肥満」というものを引き起こすこともわかっています。**

中心性肥満とは、おなか周りが出てくる肥満で、本書のメインテーマである、内臓脂肪が多いタイプのことです。

有酸素運動は、このコルチゾールの分泌量を減らしてくれます。このため、ストレスは減り、脳の萎縮も抑えられ、過食が抑えられて、脂肪が燃えやすくなります。
つまり、運動のみで体重を減らすのは困難ですが、運動は体重を減らす助けにはなってくれるというわけです。

ただし、BMI30以上の場合には、いきなり走ったりすると膝や腰などの関節が負荷に耐えられないかもしれません。その場合は、ウォーキングやサイクリング、水中ウォーキングなど、関節への負荷が少ないものにしておきましょう。

「筋トレの後に有酸素運動」でエネルギー消費を爆上げする

「筋トレ＋有酸素運動」というあわせ技にすることで、さらにエネルギー消費量を上げることも可能です。筋トレの後に有酸素運動をするのが、最も効果的に体脂肪を減らすことができるからです。

筋トレで事前に筋肉内に蓄えられている糖質(筋肉グリコーゲン)を使っておけば、すぐに脂質代謝や糖新生に代謝を切り替えることができます。
糖新生では、エネルギーを使って、タンパク質を糖質に変換するので、さらにエネルギー消費量が増えます。

ただし、筋肉が分解されないように、運動前にタンパク質をとっておく対策は必要です。ホエイプロテインを事前にとっておいたり、タンパク質よりも吸収の早いアミノ酸を運動中にとることで、筋肉を分解することなく体脂肪を燃やすことができます。

なお、運動中にタンパク質をとっても、消化・吸収が間に合いません。このため、ホエイプロテイン・肉・卵は、運動前にとっておきましょう。アミノ酸の場合は、消化が必要なく、そのまま吸収できるので、運動中に摂取しても間に合います。

最近では必須アミノ酸を含んでいる味の良い製品が色々と発売されていますので、運動の際には利用するとよいでしょう。ただし、必須アミノ酸だけを大量に摂取すると、必須ではないアミノ酸が逆に不足したり、他の栄養素も不足してしまうので、避けましょう。ホエイプロテインや肉・卵を十分にとった上で、必須アミノ酸の製品をとる必要があります。

また、内臓脂肪を減らすためには、運動は必要不可欠ではありませんが、女性に多い皮下脂肪を減らすためには必須です。

もっといえば、運動なくして皮下脂肪は減らせません。

なお、これは比較的多くの方が知っていることと思いますが、体脂肪よりも筋肉の方が、重さがあります。このため、筋トレをする場合には、体重自体はあまり目安にならなくなります。

今はご家庭の体重計で「体脂肪率」などが表示されるものも多くありますが、ごく簡易的なため、実際の体脂肪の量とは異なる場合が多くあります。

筋トレをする場合には体重だけをチェックすることはやめて、簡易的には全身鏡などで、日々、体型をチェックすると良いでしょう。

運動は筋肉を落とさない優先順位が重要！

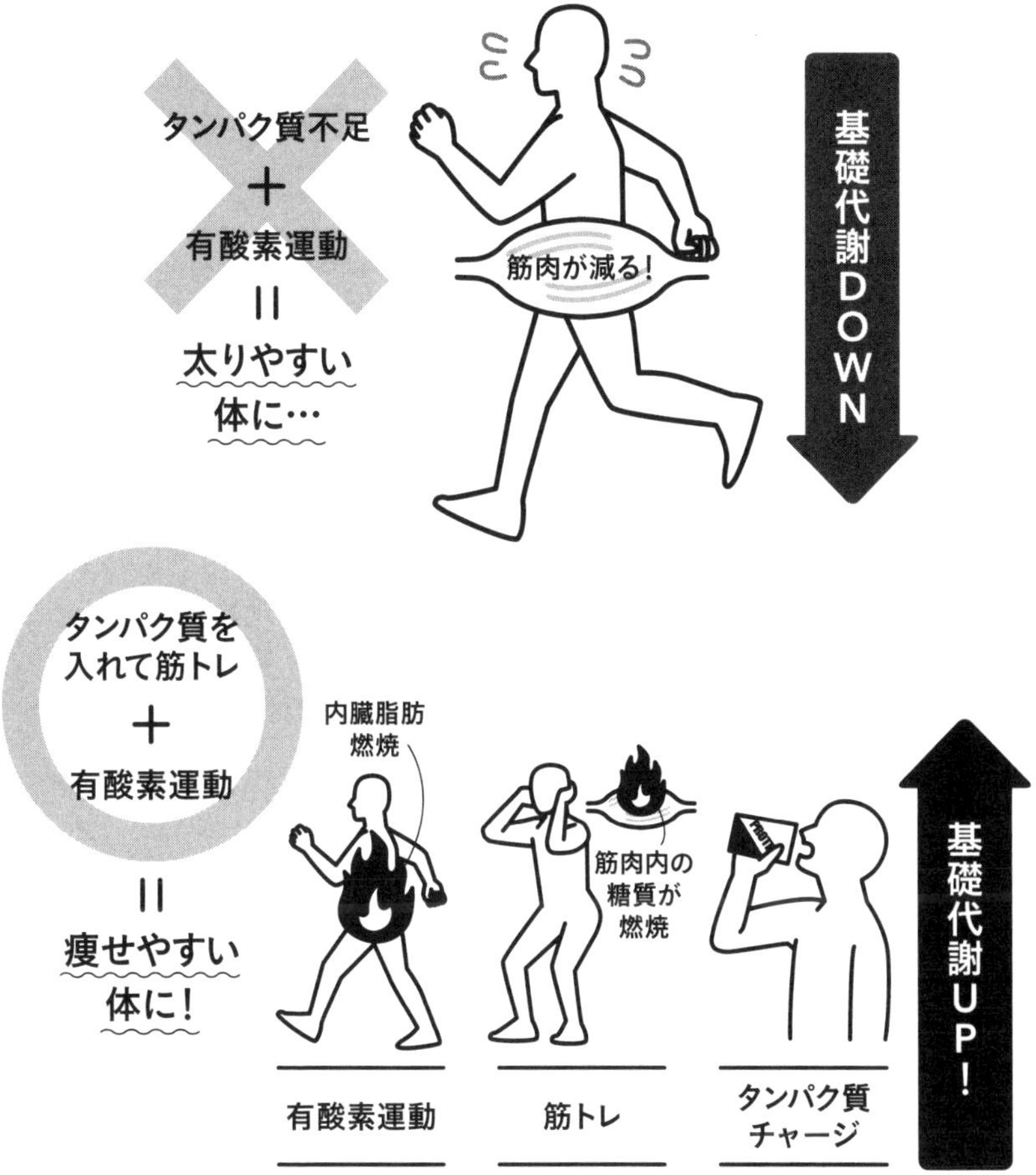

第8章

内臓脂肪を落とす&減らす「タンパク脂質食」

14kg減量に成功したおなかいっぱい食べられる最強食

痩せるだけじゃない！　食事だけで糖尿病も劇的改善

内臓脂肪をためるインスリン分泌を抑え、内臓脂肪を燃焼する働きを高める食事として、本書では「タンパク脂質食」を提唱します。

この食事法は、私が糖尿病患者さんのために2014年11月に考案したものです。実践者第一号は、私自身でした。

その結果、1年で14kg痩せました。

基準値ギリギリだったヘモグロビンＡ１ｃは完全に正常化し、脂肪肝も改善、体が劇的に軽くなって人生が様変わりしたのです。

その後、糖尿病患者さんたちの治療に取り入れたところ、肥満のあった患者さんたちもみるみる痩せ、糖尿病も劇的に改善していったのです。

なかには１００kg超の高度肥満がある患者さんもいて、先のとおり**「脂肪細胞がパンパンに太っていて、その数も多くなっている」超痩せにくいタイプでしたが、するすると体重を落とし、半年で15kgの減量に成功したのです。**

肥満ホルモンであるインスリンの分泌を抑える食事に変えるだけで、いかに速やかに脂肪が減るのかがわかることと思います。

本章では、内臓脂肪を減らすための「タンパク脂質食」について、お伝えしていきましょう。

優先順位が大切！

本書のテーマの１つに「優先順位が大切！」というものがあります。食べる順番を間違うことで、本来は体に良いはずのものでも、体調不良を起こすことがあるからです。例えば、タンパク質不足のままビタミンをとると、かえって胃がムカムカしたり、吐き気がしたりする……などがそうです。

そのため、タンパク脂質食は「タンパク質を最優先！」という意味を込めて「タンパク質」を頭にもってきました。

また、ガマンすることよりも、より積極的にとるべきものを言葉で表すことは、食事改善の成功可能性を高めることにもつながります。というのも、「糖質オフ」だとどうしても脳は大好きな「糖質」という言葉に意識を引っ張られてしまい、かえって渇望感をあおってしまいます。

そのため、私はこの食事法を名付けるにあたって、ガマンを強いる雰囲気を避けて、積極的にどんどんとってほしい「タンパク質」と「脂質」をそのまま現すことにしました。人は、ガマンを強いられるよりも、「どんどんやっていいよ！」というメッセージのほうが受け入れやすいと考えたからです。

動物性タンパク質は何でとる？

まず、最も重要な動物性タンパク質は、基本的には肉、卵、ホエイプロテインの３つを組み合わせながら補給することを推奨しています。

肉は牛、豚、鶏、羊など、何の肉でも好みのもので大丈夫ですが、豚肉は脂質が多めなので、脂質重視の場合や、タンパク質重視の場合など個々のケースに合わせて、とる割合を調節しましょう。前者の場合はバラ肉、後者の場合はひれ肉を選ぶなどがよいでしょう。

卵は「完全栄養食」ともいわれ、非常に良質のタンパク質で、ホエイプロテインは、乳清（ホエイ）から作られるプロテインです。

人間は哺乳類ですので、同じ哺乳類の牛、豚が最も効率のよいタンパク源です。次いで鶏肉、その次が魚肉です。

魚はタンパク質の品質としては、肉、卵に次ぐものがありますが、吸収効率は哺乳類・鳥類よりは1段下がります。また、先に述べた通り、魚は1食でとれるタンパク質の量が肉と比べると少ないので、メインのタンパク源とするとタンパク質不足を起こしがちです。ただし、魚は良質な脂質のＤＨＡ・ＥＰＡは摂取できるというメリットもあります。とはいえ、焼き魚や干物の場合には、ＤＨＡやＥＰＡは激減していますのでご注意ください。なお、私も魚は好きで、刺し身をときどきとっています。

タンパク源というと「大豆を食べています」という方が多いのですが、繰り返しになりますが、植物性のタンパク質は非効率的なのでおすすめしません。

タンパク強化に必須！　ホエイプロテインの種類

ホエイプロテインは、その名のとおり、乳清（ホエイ）から作られるプロテインです。「ホエイって何？」と思うかもしれませんが、ヨーグルトの上にある透明な液体は皆さん見たことがあると思います。あれがホエイです。

ホエイプロテインは、日本で主流のものとして「WPC（濃縮乳清タンパク質）」と「WPI（単離［分離］乳清タンパク質）」があります。

それぞれの特徴は次のとおりです。

［WPC（濃縮乳清タンパク質）の特徴］

- 価格が比較的安い
- 乳糖が入っている
- タンパク質含有量が少なめ（70〜80％）

［WPI（単離［分離］乳清タンパク質）の特徴］

- 価格が比較的高め

・乳糖なし
・タンパク質含有量が高い（90％以上）

なるべく高濃度のものをとりたいとか、WPCだとおなかの調子が悪くなるなど乳糖不耐症の症状が出る場合には、WPIが良いでしょう。日本人は乳糖不耐症の方が多いので、WPIは有効です。なお、ドラッグストアなど店頭で売られているホエイプロテインのほとんどは、安価なWPCの方です。

また、「ホエイ」とついているものにWPH（ハイドロホエイプロテイン、加水分解乳清タンパク質）というものもあります。これはホエイプロテインをさらに加水分解して「小さく」したものです。タンパク質というよりは、それより小さいペプチドや、アミノ酸の状態です。特徴としては、WPIよりもさらに分子が小さくしてある分、吸収が早いという特徴を持っています。ただ、WPHは苦味を感じることがあり、海外製のものがほとんどです。

一方、「ソイプロテイン」は大豆（ソイ）から作られたプロテインです。

消化吸収がゆっくりなので、腹持ちが良いのですが、延々とタンパク質によるインスリン分泌が続く、ともいえます。つまり「痩せない時間が長くなってしまう」ということです。そのため、本書の目的とは大きくかけ離れた結果になるという意味で、ソイプロテインはまったくオススメしていません。

ホエイプロテインは最近では店頭販売もされていますが、購入するときには原材料名をぜひチェックしてください。店頭販売されているホエイプロテインの多くは、植物性油や乳化剤、増粘剤など各種の添加物が含まれています。

特に、植物性油はトランス脂肪酸を含むため、かえって体にダメージが入ってしまいます。また乳化剤についても注意が必要です。

添加物が含まれるホエイプロテインは避けた方がよいでしょう。店頭販売のものよりも、ネット上で販売している専門店については、比較的、添加物を含まないホエイプロテインが多いので、そういった配慮がされている商品を探して購入してください。

私が実際に飲んだことがある、比較的高品質なプロテインを次に上げておきます。

・ＷＰＣタイプ：ビーレジェンド、マイプロテイン
・ＷＰＩタイプ：ファイン・ラボ

ビーレジェンドとマイプロテインはＷＰＣが有名ですが、ＷＰＩのものもあります。

筋トレをしている人などには、Gold Standardというホエイプロテインも人気です。最近はプロテインが注目されることも増えてきたことから、、高品質なホエイプロテインが増えてきました。毎日定期的に摂取するものですから、「添加物山盛り」「タンパク質濃度が低い」といったホエイプロテインは最大限避け、高品質なものをぜひ選んでください。

タンパク質が足りたかどうかの指標は？

ここまでのお話で「自分はタンパク質が足りているのかどうか？」気になってきたと思います。

一般的に検査される項目で、栄養の指標、タンパク質不足があるかどうかの指標となるものがいくつかあるので、ぜひ一度チェックしてみてください。

次の数値が低い場合は、タンパク質不足の疑いがあります。

［タンパク質の指標となる数値］

- 尿素窒素（BUN）：20・0～22・0 mg／dL
- アルブミン（Alb）：4・0～5・2 g／dL
- GOT（AST）：20～35 IU／L

・GPT（ALT）：20～35 IU／L
・ALP：180～350U／L（できれば200以上）

ただし、これらの数値がクリアできていても、タンパク質不足のままということは、非常によくあります。

さらに、GOTがGPTより2以上多い場合には、ビタミンB6が不足してる場合があります。これは、GOTとGPTという酵素が働くときに、ビタミンB6が補助する必要があるためです。

このように、酵素が働くときに補助するものを「補酵素《ほこうそ》」と呼びます。

この場合には、マルチビタミンなどを飲んでもビタミンB6を満たす量には足りないので、B6単独のサプリメントを摂取して補う必要があります。

また、BUNなら脱水、消化管出血、腎機能低下などでも上昇しますし、アルブミンも脱水で上昇します。GOT、GPT、ガンマGTPは、肝障害などの肝胆道系疾患があると上昇します。

このようなことがあるので、検査結果の評価は総合的に判断する必要があります。個別の数値だけで一喜一憂したり、判断したりしないようにしましょう。あくまで、目安として活用してください。

必要なタンパク質はどれぐらい？

タンパク質は、どれくらいの量をとればいいのでしょうか？

答えは「人によって違う」です。栄養に関することは、すべて「人によって違う」が答えになります。前記のように、人によって「1」の量で足りる場合もあれば、「100」や「1000」必要なケースもあるからです。また、同じ人でも、状態によって必要な栄養の種類や量は、常に変化します。

そのため、次から提示する量を目安として、自分の体調や運動習慣、体脂肪の落ち方などを常にチェックしながら、とる量を常に調整する意識を持っておくことが大切です。

タンパク質の摂取目安は、私は「プロテインスコア」によって評価しています。

これは、1955年に、「国際連合食糧農業機関（FAO）」のタンパク質必要量委員会によって設定されたものです（発表は1957年）。

（参考：Protein Requirements Report of the FAO Committee (1957), FAO Nutritional Studies No.16）

一方、現在、世の中の主流になっているのは「アミノ酸スコア」というものです。1973年に、FAO／WHO合同特別専門委員会によって発表された指標です。しかし、これは「様々な忖度《そんたく》」がなされたもので、非常に現実的ではないスコアになっています。

例えば、アミノ酸スコアでは、大豆のスコアが100になっており、植物性タンパク質の過剰評価があることから、甚だしく信頼性に欠けます。大豆が「スコア100」に相当するようなものではないということは、これまでお伝えしてきたとおりです。

さらに、アミノ酸スコアは発表後も様々な修正がなされており、より複雑怪奇なものへと変貌を遂げています。

そのアミノ酸スコアの原型となったのが、「様々な忖度なし」のプロテインスコアです。アミノ酸スコアに従うと、現在の食品に表示されているタンパク質量だと、実際よりは多めのタンパク質量となってしまいます。逆にいえば、プロテインスコアでタンパク質量を考えると、「厳しめ（少なめ）」のタンパク質量になります。

左ページは、プロテインスコアから換算された、タンパク質10gとるために必要な各食品の量を一覧にまとめたものです。

例えば、タンパク質100gを牛肉だけでとる場合は650g必要、ということになり

タンパク質10gをとるために必要な各食品の量

肉類	
牛肉	65g
豚肉	83g
鶏肉	55g
羊肉	68g
卵類	
鶏卵	79g(1.5個)
その他	
チーズ	50g
牛乳	470g
イワシ	63g
サケ	58g
サンマ	52g
アジ	56g
カジキ	48g
エビ	86g
たらこ	60g

ます。

タンパク質を軽く見ない！

よくみる食事指導の場合は、

・食品に表示されたタンパク質量を目安にする

・魚と大豆もとったタンパク質に入れてＯＫ

というものなので、「必要量をとった！」と思っていても、実際にはタンパク質不足が進行します。世の中には、タンパク質を「とったつもりで不健康」があふれています。

繰り返しになりますが、現代人に頻出している、慢性疲労や頭痛、精神の不安定などの「謎の体調不良」の多くは、タンパク質不足が大きな要因です。

タンパク質は蓄えが効かず、毎日の必要量の摂取が欠かせません。

パターン別必要なタンパク質

必要タンパク質量は人によって違うとお伝えしましたが、とりあえずの大まかな目安になるものとして、次の4パターンを参考にご紹介します。

（1）タンパク質不足がある場合
（2）病気のある場合
（3）運動量の多い場合
（4）タンパク質不足がなく、運動しない場合

順に説明していきましょう。

（1）タンパク質不足がある場合

1日に必要なタンパク質量目安：体重（kg）×2〜3
※体重は「なりたい体重（BMI20〜22推奨）」で算出

日常的にホエイプロテインを摂取しておらず、肉や卵も毎食十分量摂取していない場合は、全員タンパク質不足と考えてよいでしょう。おなか周りの内臓脂肪は、これまで糖質過多でタンパク質不足な食事をしてきた証拠ですから、この目安を元に食事を改善する必要があります。

この計算だと、体重60kgの場合、タンパク質を1日に120〜180gとる必要があることになります。

217ページの一覧表によると、牛肉は65gでタンパク質10gがとれるので、牛肉だけでこのタンパク質量をとろうとすると、何と780〜1170gも食べる必要があります(前記のように私は1食でこの量がとれます)。ちょっと非現実的ですね。

特に、長期にタンパク質不足だった方は消化吸収能力が落ちているため、無理にとっても吐き気が生じてしまいます。胃や腸だけでなく、消化酵素もタンパク質から作られているからです。

この場合は、肉や卵で無理なくとれる分だけとり、足りない分をホエイプロテインで補いましょう。ホエイプロテインは、タンパク質自体を取り出しているため、肉や卵よりも消化に必要な労力が少ないというメリットがあります。

中にはホエイプロテインでさえ胃が受け付けないケースもあり、実際、そうした患者さんを何人も診たことがあります。この場合は、ホエイプロテインを1回分の規定量(製品説明に書いてある量＝おおむねタンパク質20g程度)ではなく、5gなどのごく少ない量から始めると、無理なく摂取することができます。

BMI18・5未満など、タンパク質不足の最重症例では、1回5gを1日2〜3回から始めます。2～3カ月して、やっと規定量（1回のタンパク質量が20g分程度）を飲めるようになります。

ちなみに算出計算内にある「体重」は、「現在の体重」で考えるケースと「なりたい体重」で考えるケースがあります。

私は「なりたい体重」を基準にして計算することをおすすめしています。「なりたい体重」の設定の仕方としておすすめなのは、BMI20～22の体重とすることです。

（2）運動量が多い場合

1日に必要なタンパク質量目安：体重（kg）×2～3

※体重は「なりたい体重（BMI20～22推奨）」で算出

筋トレや有酸素運動をよくする、という場合もタンパク質の必要量は多くなります。筋肉を使うので、それを修理する分のタンパク質量が上乗せで必要になるためです。このため、必要なタンパク質は「タンパク質不足のある場合」と同じになります。

（3）タンパク質不足がなく、運動しない場合

1日に必要なタンパク質量目安：体重（kg）×1
※体重は「なりたい体重（BMI20〜22推奨）」で算出
※生理のある女性の場合、体重（kg）×1・3グラムを最低限とする

この場合は、例えば体重60kgなら1日にタンパク質60gが必要、ということです。

この段階になれば、食事を高脂質にシフトするのもアリです。タンパク質不足がなければ、高脂質の食事はとても安定します。

（4）病気がある場合

1日に必要なタンパク質量目安：体重（kg）×2〜3
※一般的な各種の病気の場合でも栄養に詳しい医師への相談が必須
※透析中、透析寸前の腎不全の場合は絶対に医師に相談すること
※体重は「なりたい体重（BMI20〜22推奨）」で算出

この場合は、病気の種類によって、必要量は変わってきます。

透析中や透析寸前の腎不全などの場合は、食べ物からタンパク質をとることで、、同時に

「リン」を摂取してしまいがちです。リンは人体に必要なミネラルの一種ですが、体内で過剰になると、健康に悪影響を及ぼしてしまいます。人工透析をしても、現代の医療ではリンを取り除くことはなかなか難しく、透析時間や頻度が増えてしまうのです。

そのため、腎臓に問題がある場合には、必ず栄養と病気に詳しい医師の元で指導を受けながら、食事を変えていきましょう。

なお、一般的に各種の病気は、タンパク質不足が大きな原因の1つとなっている場合が多いため、やはり体重の2〜3倍のグラム数が必要となることが多くあります。

しかし、繰り返しますが、必ず、栄養と病気に詳しい医師の元で、食事を変えていきましょう。こうして何度念押しをしても、自分で始めて体調不良になる方が後を絶ちません。もう1度、念押ししておきます。病気がある場合の食事改善は、必ず栄養と病気に詳しい医師の元で行ってください。

タンパク脂質食の「脂質」って？

本節では「タンパク脂質食」の「脂質」の部分を見ていきましょう。

私が摂取を推奨している脂質は、動物性なら動物の肉や魚に含まれている脂質、ラードや牛脂、バター、生クリームなど。植物性ならオリーブオイルやココナッツオイル、MC

Tオイル、エゴマ油、シソ油、アマニ油などです。

脂質の中でもNGにしているのは、健康を損なうリスクが高いトランス脂肪酸が多い、ホイップクリームやマーガリン、ショートニングや菜種油、キャノーラ油など、いわゆるサラダ油です。


タンパク質摂取の考え方の基本は、「タンパク質不足・筋トレなどでタンパク質消費多めなら、タンパク質摂取も多め」、「タンパク質が足りているなら、タンパク質摂取も少なめ」と割とシンプルなものでした。

脂質は、もう少し調整の幅があります。

というのも、純粋な脂質のみでは太りませんが、インスリンの追加分泌が出ている状態で脂質を多くとると体脂肪になってしまうため。適切にとるには、常に「インスリンはどうか?」ということをセットで考える必要があります。

逆に、追加分泌がない状態で、純粋な脂質をとっても太りません。

脂質といっしょに何を食べるかで太りやすさは激変する

1章で触れたように、脂質を摂取する上では、一緒に何をとるかによって、内臓脂肪の付きにくさには大きな違いが出ます。そのため、おさらいとして、次の「脂質+○○」の

3パターンについて、頭に入れておきましょう。

(1)脂質+大量の糖質を摂取した場合

(牛丼、カレーライス、とんこつラーメン、ショートケーキなど)

↓

大量のインスリン追加分泌

↓

脂質が体脂肪となる

(2)脂質+適量のタンパク質を摂取した場合

(鶏ももステーキのバター焼き、脂身たっぷりチャーシューなど)

↓

インスリン追加分泌あり

(内臓脂肪が多いと、「大量」の追加分泌)

↓

タンパク質単独よりもインスリンは少なめ

※インスリンの量が少ないため、それほど体脂肪アップにならない

（3）大量の脂質＋大量のタンパク質を摂取した場合

（800g超の牛ステーキバターのせ、チーズのせ特大ハンバーグなど）

←

大量のインスリン追加分泌

←

脂質は体脂肪へ

※余ったタンパク質も糖新生を経て体脂肪に！

糖質オフをしてタンパク質と脂質をとると、インスリンの分泌量を減らすことができます。しかし、大量のタンパク質と大量の脂質を同時にとると、痩せません。それどころか、太る可能性が高くなります。

「糖質オフをしっかりしているのに痩せない！」という場合には、この高タンパク&高脂質の食事をしていることがよくあります。そして、そういう方はBMI30オーバーの「内臓脂肪たっぷり」体型だったりします。同じ量の糖質やタンパク質でも、インスリンが大量に出る「超太りやすい」タイプです。

「糖質をとらないなら、肉と油はいくらでも食べていいんでしょ？」と大食いになっている方は少なくありません。当然ながら、それでは内臓脂肪は減りません。タンパク脂質食で減量できない場合は、食べる量を見直してみてください。

最終的には、タンパク脂質食は次のようにタンパク質そこそこ、脂質多めが安定しやすいでしょう。

【内臓脂肪減少目的で推奨される「タンパク脂質食」の摂取割合】

- タンパク質：中程度
- 脂質：多め
- 糖質（炭水化物）：少なめ（できれば、ほぼゼロ）

筋トレや有酸素運動をする場合には、その分、筋肉の回復にタンパク質を必要とするので、タンパク質を増やす必要があります。

また、スタミナを要する運動の場合には、運動の半日前と2〜3時間前にとる脂質の量を増やすと、スタミナが続くようになります。

高脂質にするメリット

高脂質に体が慣れてくると、内臓脂肪が減るだけでなく、他にも様々なメリットが現れてきます。しっかり脂質をとることがなぜ良いのかについて、次から見ていきましょう。

（1）インスリンがほぼ出ないので脂肪細胞が太りにくくなる

これまで繰り返し伝えてきたとおり、脂肪細胞を太らせて内臓脂肪が増加するトリガーは、インスリンの多量分泌です。その点、純粋な脂質を摂取する限りはインスリンの追加分泌をほぼ起こさないため、内臓脂肪が増える時間帯を減らすことができるのです。

また、インスリンが引き起こす様々なダメージを受けることもなくなるため、その修復に余計なエネルギーと材料を使わずに済むのも大きなメリットです。

なお、「出ない」ではなく「ほぼ出ない」というのは、一部の脂肪酸は糖新生に回るためです。その分、血糖に変換されるので、ちょっとだけインスリンが出る可能性があります。

とはいえ、インスリンの追加分泌を増やすレベルものではありません。

（2）優れたエネルギー源になる

脂質は優れたエネルギー源になるため、十分にとっておくと空腹感が減ります。ただし、脂質がエネルギーに変換されるまでかかる時間は次のとおりです。

・MCTオイル：摂取後3〜4時間
・生クリームなどの長鎖脂肪酸：摂取後5〜6時間

糖質のように、すぐにエネルギーにはならず、多少の時間が必要になるため、あらかじめ時間に余裕をもってとっておく必要があります。少量ずつとり続けるというのもよい方法です。

朝、コーヒーにココナッツオイルやMTCオイルを入れて飲む方もいますし、紅茶に生クリームを少し混ぜたものを保温容器に入れて少しずつ飲む方法を実践している方もいます。好みの方法でよいと思います。

なお、生クリームは糖質を少し含むため（100ml中、5g前後）、1パック（200ml）を一気にとると、インスリンの追加分泌が起きるので注意してください。1度にとる糖質量が5gを超えると、インスリンの追加分泌が起きます。2時間で5g以内の糖質なら、インスリンの追加分泌はほぼないため、その範囲にしましょう。

（3）糖質依存・甘味依存が軽減できる

脂質を多くとると、糖質や甘いものが欲しくなくなり、糖質依存から抜け出しやすくなります。これは、前述のとおり優れたエネルギー源になることから、体に十分にエネルギーが満たされるため、糖質を欲する欲求が軽減されるから。また、脂質にも軽度の依存性があるため、欲求が上書きされることでも、糖質依存が軽減されます。

強烈な甘味依存が脂質摂取で和らぐケースは、これまで私が診てきた患者さんにも数多くありました。

（4）筋肉を消耗しなくなる

エネルギー源としての脂質をとることで、筋肉が削られる糖新生を無駄に起こさなくなるので、筋肉が減ることを防ぐことができます。

脂質は何からとればいいの？

「脂質の分類は色々ありすぎて何からとればいいのかわからない！」という人も多いかと思いますが、以下の3つをおさえておくと、応用が効きます。

（1）血液サラサラ系：オメガ3
（2）すぐエネルギーになる：MCTオイル
（3）ゆっくりエネルギーになる：動物性脂質（バター、生クリームなど）

血液サラサラ系のオメガ3は、肉食の人や、すでに体がボロボロになっている人には必須の脂質です。また、その他の2つの「エネルギーになる脂質」をとることで、糖質の必要量を減らし、筋肉の分解を防ぐことができます。

次から順にみていきましょう。

（1）血液サラサラ系：オメガ3

オメガ3脂肪酸は、「おめが・さん」または「おめが・すりー」と読みます。オメガ−3、n−3系とも呼ばれます。

オメガ3を摂取すると、最終的には体内でDHA、またはEPAに変換されます。DHAとEPAは魚に多く含まれます。

また、オリーブオイル、亜麻仁油（あまにゆ・あまにあぶら）、荏胡麻油（えごまゆ・えごまあぶら）、紫蘇油（しそあぶら）なども、体内でDHAとEPAに変換されます。

なお、荏胡麻油は「ごま油」とはまったく異なります。荏胡麻（えごま）は、シソ科の植物で、実は、荏胡麻油は紫蘇油と同じものです。

昔は、荏胡麻油の知名度が低いため、主に紫蘇油という名前で販売されていました。紫蘇ときくと、葉っぱの方をイメージしますが、紫蘇の葉っぱには油分が少ないため、紫蘇油（＝荏胡麻油）は種子の方から作られています。亜麻仁油・荏胡麻油（紫蘇油）は、熱に弱いため、加熱せずにドレッシング代わりにするなどが、主な使われ方です。

一方、オリーブオイルは熱に強く、加熱しても変質しないので、炒め油として加熱調理に向いています。

オメガ3は肉食では必須！

脂質の摂取の重要ポイントの一つとして、肉類やサラダ油に含まれるオメガ6という脂肪酸と、オメガ3脂肪酸の割合が大切、ということをぜひ頭に入れておいてください。というのも、オメガ6が増えすぎると、体内で炎症が起こることが知られています。

肉類の脂質には、オメガ3も含まれますが、大半がオメガ6です。このため、肉食にはバランスをとるためのオメガ3が必須なのです。肉食のみでオメガ6が増え過ぎると体内で炎症・動脈硬化などが起きてしまいます。

オメガ3はデリケートな脂質で、熱などに弱い性質があります。魚に多く含まれますが、酸素や熱などに弱いため、焼き魚や干物にするとオメガ3は激減してしまいます。このためオメガ3をとろうとする場合には、魚は生（刺し身）、煮る、蒸す、缶詰（密閉してから加熱）で摂取するとよいでしょう。

〝健康によさそうな油〟のワナに注意！

店頭販売されている市販の「○○オイル」には、注意が必要です。というのも、「○○入り！」「○○使用！」というタイプなどがあるためです。

これは、「少し入っています」というだけで、その他の脂質は安価なサラダ油などが使われています。むしろ、主にトランス脂肪酸をとることになり、トータルではマイナスです。毒に薬を混ぜても毒、泥水に水を混ぜても泥水、ということと同じです。

いかにも「健康的です！」というイメージで売られている次のようなオイルは、すべてサラダ油の1種であり、体内で炎症を起こしたり、動脈硬化の原因になりやすいトランス脂肪酸を多量に含むので、注意してください。

なたね油、キャノーラ油、大豆油、とうもろこし油、ひまわり油、べにばな油、

グレープシードオイル、米油、綿実油《めんじつ》

また、生クリームの場合は、そう表示されていれば「動物性油脂100％」でトランス脂肪酸を含みませんが、「ホイップ」とある場合は植物性油の加工品のため、トランス脂肪酸を含みます。似ている名前なので混同しやすいのですが、まったくの別モノです。

外食やでき合いの市販品（スイーツなど）の「生クリームっぽいもの」は、基本的にはほぼ「ホイップ」でトランス脂肪酸を含むため、避けた方が健康的です。

オメガ3サプリの選び方

「毎日のように魚は食べられない！」という場合には、「Fish Oil」などのサプリメントで代替できます。なるべく、DHAやEPAの濃度が高いものを選びましょう。

私は、1カプセルで1000㎎のFish Oilを含み、そのうちの80％がDHAもしくはEPA、というものを使っています。オススメできるのは、このレベルの製品です。

国内で店頭販売されているものは濃度が低いものが多いので、選択するときは注意しましょう。

（2）すぐエネルギーになる：MCTオイル

ＭＣＴオイルの「ＭＣＴ」は、「中鎖脂肪酸（Medium Chain Triglyceride）」のことです。最近、注目が集まるようになり、店頭でもよく目にするようになりました。

先に登場した「長鎖脂肪酸」は、ＥＰＡやオリーブオイルに含まれています。その長鎖脂肪酸よりも、もう少しサイズが小さいものが、中鎖脂肪酸です。

長鎖脂肪酸は、細胞内のミトコンドリアの中に入っていく時に、ビタミンＣとカルニチンを必要とすることは、先にお伝えしたとおりです。つまり、長鎖脂肪酸を燃やすためには、ビタミンＣとカルニチンが必須なのです。

しかし、ＭＣＴ（中鎖脂肪酸）は違います。何と、ミトコンドリアの中に入っていくのに、ビタミンＣもカルニチンも必要ありません。このため、中鎖脂肪酸はとても「燃えやすい」脂質といわれています。

長鎖脂肪酸はエネルギーに変換されるまでに5〜6時間かかりますが、対して中鎖脂肪酸は、エネルギーとなるまでの時間は3〜4時間です。このため、より素早く脂質からエネルギーをとりたい場合には、中鎖脂肪酸が適しています。

さらに、中鎖脂肪酸は体に各種の健康的な影響のある「ケトン体」を素早く増やしてくれる、というメリットもあります。ケトン体は脂質の代謝産物で、体内の炎症を抑えたり、がん細胞が増えるのを抑えたり、空腹感を減らす働きをしてくれます。
(参考：https://www.nisshin-mct.com/contents/page195.html)

この中鎖脂肪酸を摂取できるものとして、昨今、MCTオイルの注目が高まっています。MCTオイルは、ココナッツオイルから中鎖脂肪酸だけをとり出した、中鎖脂肪酸ほぼ100%のオイルです。

ココナッツオイルには中鎖脂肪酸以外の成分が含まれています。おおむね、ココナッツオイルは、60~70%程度が中鎖脂肪酸で、残りのほとんどは長鎖脂肪酸です(製品によって割合は異なります)。

MCTオイルに含まれず、ココナッツオイルに含まれている脂質も健康的な脂質ですので、どちらを選ぶかは目的次第です。

それぞれの違いを次に挙げておきましょう。

MCTオイル

・1年を通してほぼ無色透明な液体
・匂いは、ほぼなし

・じんましん、胃部不快に多少なりにくい

ココナッツオイル

・MCTオイルよりも、じんましん・胃部不快などが起きやすい
・気温が低いときには固まる
・独特の香りがある

なお、私はココナッツオイルの場合、胃部不快を起こしやすく、毎日摂取し続けると発疹が起きます。どちらも、最初から大量にとれば、胃部不快や下痢が起きます。

このため、1回量は小さじ1杯から始めて、徐々に摂取量を増やしていきましょう。皮膚トラブルが起きた場合には、摂取を中止すれば、改善します。

低品質なココナッツオイル・MCTオイルに注意！

健康に役立つこの2つのオイルにもワナがあるので、選ぶときには注意が必要です。薬品や添加物、熱などを使ってオイルを抽出する方法を「化学製法」とまとめて呼びますが、このタイプのものは不要なものが入っていたり、栄養素が壊れていたりするので避けたほうが無難です。

そうではないオイルには、エキストラバージン・ココナッツオイル、プレミアムバージン・ココナッツオイルなど、色々な記載がしてあります。

ですが、こういった記載にも「引っ掛けタイプ」があるため、注意してください。「エキストラバージン」を名乗っていながら、実態は異なるというものも、よくあります。基本的に店頭で安く売られているものには、こういった名前だけのものが多いため、注意が必要です。

ココナッツオイルだけではなく、MCTオイルも全部が全部、良質というわけではありません。低品質のMCTオイルには、ココナッツオイルだけでなく、パーム核油というものが使われているものもあります。原材料名を確認して「ココナッツオイル100%」のものを選んでください。

さらに、「有機」「オーガニック」などと記載があるものの方が、より健康的です。もちろん、それらの記載にも「引っ掛けタイプ」があり、それだけでは安心できません。よく調べて安全性を確認し、購入することが必要です。

(3)ゆっくりエネルギーになる系：動物性脂質(バター、生クリームなど)

動物性油脂は、前記の「長鎖脂肪酸」を多く含みます。このため、5～6時間かけてゆっくりとエネルギーになるため、持久戦向きといえます。

とった脂質がエネルギーになるまでの間、空腹感が続きます。そのときに糖質や大量のタンパク質をとってしまうと太りやすくなるため、注意が必要です。空腹感が続く間は水分をとる、軽く歩くなどの対策をとりましょう。すぐにエネルギーになるMCTオイルの摂取を併用するのも有効です。

バターはほぼ全部が脂質で、糖質はほとんど含みません。

生クリームは、糖質を少し含みます(100ml中、糖質3g前後)。なお、あまりメジャーではありませんが、バターと生クリームの中間のものに「クロテッドクリーム」というものがあります。見た目や味も、ちょうどバターと生クリームの中間で、トロリとしています。クロテッドクリームは高級スーパーなどで、ときどき販売されていることもあります。

牛脂もほぼ100%が脂質です。「牛脂ダイエット」で一躍、注目を浴びました。基本は、焼いたりして食べることになります。ラードは基本的には調理の時に使われます。

なお、牛脂のような「塊状」のラードではなく、マヨネーズのような容器に入っているタイプのラードは匂いなどがほぼなく、保湿剤代わりに皮膚に塗ることも可能です。そういうとたいていの方は驚きますが、鉱物から作られた油よりアレルギーが起きる可能性が低く、かつ肌の中へ浸透していきますので、非常に優秀です。赤ちゃんでもお年寄りでも安心して使える保湿剤になります。

脂質はどれぐらいとるのが適量か？

タンパク質の最適な摂取量は、先のとおり、割と明確にわかっていますが、実は、脂質の最適な摂取量に関する答えは、現在のところ存在していません。

そのため、少量から初めて体調の良し悪しや体重の増減をチェックして、自分なりの最適量を探っていく必要があります。

さらに、タンパク質の摂取量との兼ね合いも考慮する必要があります。高タンパク（1日の摂取量：体重［キログラム］×2～3グラム）なら、高脂質を同時に行うのは控えた方がよいでしょう。糖質ゼロでも、太る可能性が高まります。通常のタンパク質量（1日の摂取量：体重［キログラム］×1グラム）の場合は、逆にエネルギー不足になるため、高脂質がよいでしょう。

いずれにしても、糖質はかなり控える必要があります。高糖質で脂質をとれば、インスリンの影響で、体脂肪がどんどん増えてしまいます。高脂質の基本は、断糖です。

また、脂質をしっかりとる場合には、サプリメントによるビタミンの補充も、ほぼ必須です。それについては後述します。

ひとめでわかる　タンパク脂質食

タンパク質

肉・卵・プロテインの主に3つからとる

牛、**豚**、**鶏**、
なんでもOK！

卵は完全栄養食！

魚は補助的に

プロテインは
ホエイ一択！
ソイはNG

1日の**摂取目安**は

ほとんどの日本人はコレ！

①タンパク質不足がある場合、運動量が多い＆病気がある場合
⇒体重（kg）× 2〜3g

②タンパク質不足がなく運動量は普通
⇒体重（kg）×1g

③生理のある女性
⇒体重（kg）×1.3gが最低量

体重は**「なりたい体重」**で計算しよう

脂質

オメガ3系、MCTオイル、バター、生クリームからとる

オメガ3系

肉食には必須！

えごま油、アマニ油、しそ油など
⇒生で使うこと

サプリでもOK

MTCオイル

即エネルギーになる！
空腹感対策に◎

コーヒーに入れても

動物性脂質

バター、生クリーム、牛脂など
ゆっくりエネルギーになる

内臓脂肪減少目的なら糖質は限りなく**ゼロ**が理想です

Dr.Mizuno

ビタミン、ミネラルをサプリで補おう
⇓
248ページ参照

脂肪を燃やす「鉄」は必須

タンパク脂質食の実践には、タンパク質と脂質以外にも、摂取すべき重要な栄養素があります。ここでは、それらについて詳しくお伝えしていきます。

まず、第一に挙げられるのは、鉄です。第4章でふれたとおり、鉄がなければ、内臓脂肪を燃やすことができません。脂肪を燃やしてエネルギーを産生する過程で、必ず必要になるからです。ところが、先にお伝えしたとおり、鉄は非常に重要なミネラルでありながら、日本人に不足しているケースが非常に多い栄養素です。

特に、日本の閉経する前の女性は、ほぼ全員が鉄不足です。男性でも、精神疾患やメタボの人は、鉄不足の場合が多くあります。また、各種の精密検査をしても、原因がわからない不妊症でも、高い確率で鉄不足がみられます。妊娠中や出産後も、母親の鉄は極端に減っていきます。マタニティブルーや幼児虐待などは、鉄不足の現れであることが非常に多いと考えられます。

前記のように日本は固有の事情によって、鉄不足の方があふれています。そしてこのような鉄不足では、鉄のサプリメントの摂取は必須です。

鉄不足を調べる方法は？

鉄の不足は、採血検査で調べることができます。

今は、ネットで頼めば、郵送で鉄の検査ができる簡易キットも販売されています。指先を小さな針で刺して（一瞬、チクっとするくらいです）、微量の血液を検査キットに入れて郵送するタイプです。

しかし、これらはあくまで簡易的な検査のため、誤差はあります。また、肝障害や炎症がある場合、本来の「体内にある鉄の量」を誤解してしまう可能性があるため、肝臓や炎症などを一緒に検査することが必要ですが、簡易検査では合わせて測ることができません。

簡易検査は、簡単に測定できる分、そういった誤解をしてしまうリスクがあることを理解しておく必要があります。

正確かつ他の要素まで含めた鉄の採血検査をするには、医療機関で採血するしか方法がありません。ところが、採血して鉄の検査をしてくれる医療機関自体が少ない、という現状があります。「鉄不足かどうか知りたいので採血検査をお願いします」とお願いしても、「ウチではそういうのは、やっていません」と言われるケースは少なくありません。

これは、「混合診療」が禁止されている現状が関係します。混合診療とは、健康保険の範囲内の診療と、患者が全額負担する自由診療が混合することを指します。基本的に保険診療をしている医療機関は、自由診療を混ぜることで混合診療となるリスクがあるため、自由診療を避けているのです。

もしも、保険診療として申請した部分が混合診療とされると、金銭を含めて様々なペナルティが医療機関に発生するためです。

ちなみに、患者さんにはペナルティはありません。このため、事情を知らない患者さんは気軽に医療機関にお願いするかもしれませんが、医療機関としては大変な迷惑となる場合があります。

「検査してくれるかどうか？」は、医療機関の公式サイトにもほとんど載っていないため、事前に電話をかけるなどして地道に確認するしかありません。

さらに、このような難関をかいくぐって、万が一採血して検査結果が得られたとしても、多くの医師は「鉄は不足していない」と判断することがほとんどです。一般的な医師だと、フェリチンの基準値だけをみて、「鉄不足なし」という判断になってしまいます。

その理由は先のとおり、基準値自体が非常に低く設定されているためです。鉄不足かどうかの判断は、鉄に理解があり、経験も豊富な医師にしてもらいましょう。

鉄不足の判断に最低限必要な検査項目は次のとおりです。

- ●鉄関連：血清鉄、TIBC、フェリチン
- ●炎症の目安：白血球数（できれば白血球分画＝血液像も）、CRP
- ●肝障害の目安：GOT、GPT、γ-GTP、ALP
- ●栄養状態の評価：BUN（尿素窒素）、Cr（クレアチニン）、Alb（アルブミン）

判断する医師にかかる前に、採血だけは最寄りの医療機関でしておきたい、という場合にはこれを目安にするとよいでしょう。

保険診療の適応となるのは、「関連する病気が強く疑われる場合」のみです。それぞれの検査項目に対応した病気が疑われない場合には、保険診療の適応とはならず、自費になります。

鉄のサプリメントについて

世界的な標準となっている「キレート鉄」が日本では認可されていないことは、前記のとおりです。国内で販売されている鉄サプリは、「ヘム鉄」が使われています。比較的値段

が高く、鉄が少量しか含まれていないものです。これでは、いくらがんばってサプリを毎日とっていても、鉄不足が解消しません。

月経がある女性は、鉄不足が深刻であるケースが多いため、特に鉄のサプリメントでの積極的な摂取が必須です。日本製のヘム鉄では鉄不足につながりにくいため、私は海外製のキレート鉄のサプリメントの購入をいつもおすすめしています。

必要量は人によって異なりますが、おおむね1日に100mg程度の鉄が必要です。ヘム鉄サプリの1日分の量は、3〜10mg程度で、多いものでも20mg以下です。キレート鉄は、1カプセルで18〜36mgの鉄が含まれています。

鉄をサプリメントで摂取する際には、必ず採血検査でフォローアップをすべきです。というのも、鉄を摂取したことで血液が増え、月経時の出血がかえって増えることで、鉄欠乏がひどくなる症例が、しばしばあるからです。

鉄300mgに、軽めの止血剤を毎日服用して、何とか鉄の量を維持できる、そういった人もいるくらいです。

また、月経過多の場合には、一度ピルなどを使って生理を止めた方がよい場合もあります。

脂肪燃焼に必須のビタミン、ミネラルはサプリで補充

タンパク脂質食を実践する場合、各種のビタミン、ミネラルをサプメントでとることは欠かせません。脂肪を燃やすための代謝やエネルギーを作る段階の至るところで、ビタミンやミネラルが必要となるからです。基本的にはタンパク脂質食の実践は、サプリメントもセットだと理解してください。特に、速やかな脂肪燃焼のために必要なのが、ビタミンB群、C、D、E、マグネシウムや亜鉛など。これらを食べ物だけで満たすことは、繰り返しになりますが難しいため、サプリメントで補充することが大切です。

ビタミンEには数種類ありますが、中でも効果が高い、天然型の「D－α－トコフェロール」という種類のビタミンEサプリをおすすめします。

ビタミンB群には主に、ナイアシン（B3）、パントテン酸（B6）、葉酸、ビオチンなどがあります。基本的には、ビタミンB群は不足がない場合は、マルチビタミンやB群サプリで摂取すればOKです。ただし、脂質をとると気持ちが悪くなる場合には、ビタミンB2が不足している可能性が高いため、ビタミンB2単独のサプリメントで補いましょう。

また、先にお伝えしたとおり、肉食習慣にはオメガ3も必須です。オメガ3が豊富な魚を毎日食べる習慣がない人は、EPA・DHAサプリでとることをおすすめします。

とるべきビタミン・ミネラルの種類と摂取量目安

ビタミンB群	各種のビタミンB群各100〜200㎎/日 葉酸800〜1600㎎/日
ビタミンC	最低3000mg/日 高尿酸血症がある場合は4000mg/日
ビタミンD	ビタミンD3を5000IU/日 これ以上摂取する場合はビタミンKも必須
ビタミンE	「α-トコフェロール」を400〜800IU/日 出血に注意
マグネシウム(Mg)	250〜500mg/日
亜鉛(Zn)	25〜50mg/日
EPA/DHA	800〜1000mg/日。低純度のものは避ける。 動脈硬化対策ならEPAのみで1800mg/日。 出血に注意

優先順位が大切！

さて、ここまで、タンパク脂質食でとるべき栄養について説明してきましたが、内臓脂肪を減らしたい、燃やしたいと思っていても、土台の部分がしっかりしていなければ、その目論見ははかなく消え去ります。その土台とは、優先順位を明確にしておく、ということです。

糖質オフは、「引き算」に注目した食事法です。その名のとおり、糖質を引き算します。これは、糖質過多が多くの体調不良や病気を引き起こしていたためです。

一方で、タンパク脂質食は「足し算」に注目します。というのも、糖質オフの引き算によって、体調不良を起こすことがしばしば見られたからです。

特に、糖質オフ普及の初期にみられた「体調が悪くなった……糖質オフ危険！」という体験談は、ほぼすべて引き算による失敗から起きました。

つまり、タンパク質も脂質も足りず、長年の糖質過多によってビタミンもミネラルも足りていない状態から、さらに糖質を引き算してしまった、という失敗です。マイナスからさらに引き算したために、失敗したということです。

タンパク脂質食は、こういった引き算による失敗への対策です。まずは、「もともとのマイナス」から解消していくことを目指しています。

繰り返しお伝えしている「優先順位」を取り違えると、かえって不健康になりかねません。「引き算」は「足し算」の後に行うことが重要です。

つまり、「糖質オフ」の徹底は、タンパク質、脂質、鉄、ビタミン・ミネラルを満たしてからにしましょう。**栄養不足のまま糖質を控え過ぎると、エネルギー不足は避けられません。**

タンパク質、脂質、鉄のどれかが欠けている状態では、代謝が回らず、十分なエネルギーが作り出せません。「引き算」は「足し算」をしてからにしましょう。

「物足りない……」に慣れるまで

糖質オフの開始時にある「食べても物足りない感じ」。

これは、糖質オフをすると血糖値が上昇しないために起こる感覚です。そして、その「物足りない感じ」こそが、本来の状態です。食べ物が胃に入っている、という「本来の満腹感」に慣れましょう。

この本来の満腹感に慣れるまでは、どうしたらいいでしょうか？　対策は、次の2つです。

「純粋な脂質」をとるか、「糖質の少ないタンパク質」をとることです。

糖質オフをしつつ、これを続けていけば、物足りない感じがなくなっていきます。それこそ、まさに栄養が足りてきている証拠になります。甘味依存・糖質依存には、「純粋な脂質」の摂取が有効です。

そして、多くの日本人がタンパク質不足のため、十分なタンパク質をとるのは糖質オフの初期には非常に重要です。

断食・ファスティングについて

ここまでタンパク脂質食について色々と知りました。そんな折に、ふっと疑問に思うかもしれません。「食べなきゃ痩せるよね？」と。

確かに、何も食べなければ痩せます。「最速で痩せる」というだけなら、水と塩だけの断食が最速です。

私も一時期、48時間の断食を繰り返したことがあります。確かに、スルスルと痩せていきました。こういった断食をしても、筋肉量はあまり減らないことが知られています。「体脂肪率が4％以下になるまで筋肉は分解されない」という説もあります。

（参考：https://ameblo.jp/naikaimizuno/entry-12317656979.html）

確かに、断食をしても筋肉量はあまり減りません。しかし、それは「量が減らない」というだけです。その一方で、時間とともに筋肉の劣化は起こります。使い続けていれば、時間とともに劣化していくのは当然です。

そして、断食を続けたり繰り返したりしていると、体を構成する材料が十分に補給されない状態が続くため、古くなった筋肉が新しく作り替えられることがなくなってしまいます。

つまり、「量はそのまま」と安心している裏側で、筋肉・皮膚などがひたすら劣化していくことになるのです。

タンパク質を制限したままだと、体中でこうした劣化がどんどん進むことになります。このため、断食はタンパク質不足がある段階では「禁忌」と言えます。体を劣化するに任せて、病気の元を自ら作るようなものです。

断食をするなら、タンパク質不足がない状態で、しかも断食と断食の間は1カ月などの期間を開けるようにしましょう。

さて、タンパク脂質食に関係する各栄養素（タンパク質、脂質、鉄、ビタミン、ミネラル）と、関連する注意点を見てきました。これらは、内臓脂肪を減らすために必要な基本的な栄養素です。

当然ながら、他にも細かな栄養素は必要ですが、まずはこれらの基本的な栄養をしっかり摂取することを習慣にしましょう。

タンパク脂質食で体に起こること

タンパク脂質食を始めると、様々な変化が起こります。それは、第1章で説明した「糖質過多と過剰なインスリン」によって起きることの裏返しです。

つまり、今まで「自分がとったもので作っていた病気」を防ぐことができます。

また、すでに病気になった場合にも、進行をゆっくりにしたり、改善する可能性があります。病気を作り出す根本の原因がなくなるのですから、当然です。

次ページに、その一覧を再掲しておきます。

タンパク脂質食で予防、改善の可能性がある病気一覧

「糖質過多と過剰なインスリン」の3大慢性リスク	肥満、認知症、がん
代謝系	肥満(内臓脂肪の増加)、糖尿病、脂質異常症(高LDL、低HDL、高TG)
血管系	高血圧、狭心症・心筋梗塞、脳梗塞、腎硬化症
神経・精神系	不眠、うつ、パニック、アルツハイマー型認知症、脳血管性認知症
腫瘍系	良性腫瘍(ポリープ)、悪性腫瘍(がん)
消火器系	逆流性食道炎、胃炎、非アルコール性脂肪肝(NAFL)、非アルコール性脂肪性肝炎(NASH)、肝硬変、肝細胞がん
骨・関節系	骨粗鬆症、変形性関節症、五十肩
目・皮膚・毛髪系	白内障、緑内障、加齢黄斑変性症、ニキビ、皮膚炎、乾癬、薄毛、脱毛
免疫系	自己免疫疾患(膠原病など)
生殖器系	不妊症、ED(勃起不全)
全身系	老化

パターン別のタンパク脂質食

さて、栄養素別の次は、個々の体の状態に合わせたタンパク脂質食について解説していきましょう。

何度もお伝えしているように、人間にはとても大きな個人差があります。100人いれば、適する食事も100パターンあります。このため、ここに提示するのは、一般的かつ大まかなパターンです。

これを目安に、それぞれ自分に最適化する必要があります。次からお伝えする内容をもとに、自分の最適なタンパク脂質食を探ってみてください。

メタボな人の場合

メタボの診断基準は、46ページのとおりです。

メタボは「栄養が余っている」と、よく考えられていますが、それは「不要なものが余っている」というだけです。メタボは糖質をとり過ぎ、インスリンをドバドバ分泌させ、その結果、体脂肪、特に内臓脂肪が爆増した状態です。

メタボの人のおなか周りのサイズが大きいのは、その爆増した内臓脂肪によります。

ほとんどのメタボの人は、糖質の食べ過ぎでおなかがいっぱいになってしまうため、体に必要な他の栄養素であるタンパク質やビタミン、ミネラルが不足したり、浪費されたりしています。

つまり、「メタボは栄養不足」の状態でもあります。

実際に、メタボの人を採血すると、BUN（尿素窒素）が20未満のタンパク質不足の人ばかりです。また、大量の糖質によってビタミンとミネラルを大量に消費するため、これらの不足もほぼ確実にあります。

さらに、糖質依存を引き起こす原因に鉄不足があることは説明したとおりです。鉄不足があると、ミトコンドリアが働かなくなり、解糖系しか動かなくなり、エネルギー効率が大幅に低下して、糖質のみしか代謝できなくなります。

このように、メタボの人ほど、ひどい栄養失調状態になっています。これらの不足を解消するのが、メタボ改善のためのタンパク脂質食となります。

スタートするにあたっての優先順位は、次のようなものになります。

1 タンパク質不足の解消

↓

2 鉄不足の解消（特に女性。メタボ男性も割と不足）

↓

3 ビタミン・ミネラル不足の解消

糖質オフも当然必要ですが、前記のように各種の栄養不足のまま糖質を控えても失敗します。ミトコンドリアがうまく働かず、糖質以外をきちんと代謝できないためです。

こういった各種の不足を解消することで、糖質依存が徐々に軽くなっていきます。

「あ、そういえば欲しいと思わなくなった」という状態をつくるのが、タンパク脂質食でのメタボ対策になります。

メタボになりかけの場合

この場合も、「メタボの場合」とほとんど同じですが、もっと簡単に内臓脂肪を減らすことができます。というのも、ＢＭＩ30未満の場合は、脂肪細胞の「サイズ」が大きくなっているだけで、その数はあまり増えていないからです。

各種の不足を解消しつつ、糖質オフをするだけで、スルスルと内臓脂肪が減っていくので、ダイエットに成功しやすいタイプといえます。

まだ、メタボに当てはまっていないのなら、「間に合った」というパターンです。

「痩せ」の脂質異常症の場合

太っていないのに、コレステロールや中性脂肪の数値が引っかかる。そんな方もいらっしゃいます。

コレステロールが増えるのは、前記のように、糖質の過剰摂取で体がダメージを受け、ボロボロになっている証拠です。それを治そうとして、コレステロールが肝臓で作られています。

さらに栄養不足になると、コレステロールすら作られず、健康診断に引っかからなくなるかもしれませんが、実際は体の中がボロボロのまま修理もできなくなります。長年、糖質を多くとるベジタリアンの方が、こういう状態になります。

また、こういった方で中性脂肪が高いのは、やはり糖質の過剰摂取の影響です。糖質で血液中の中性脂肪が増えるのは、前記のとおりです。実際に、毎朝欠かさずに、パンとフルーツをとる痩せ型の方がいましたが、やはりLDLコレステロールが多く、中性脂肪も高値でした。

当然、この場合の根本的な対策は、「体ボロボロ」の原因を除くことです。つまり、糖質オフです。

しかし、メタボの場合と同じく、こういった方も各種の栄養不足が顕著にあります。特に、「痩せ」の人の場合は、タンパク質不足が確実にあります。そして、その程度も深刻であることが多いため、タンパク質を必要量とれるまでに長期間かかります。胃腸がタンパク質を受け付けることができなくなっているためです。

その場合は、あせらず着実にタンパク質の摂取量を少量ずつ、段階的に増やしていきましょう。

当然、速やかな改善のためには、ホエイプロテインを利用した方がよいでしょう。

また、メタボの場合と同じように、栄養不足のままでは糖質オフは失敗します。そのため、やはり次のような優先順位を守る必要があります。

1 タンパク質不足の解消
←
2 鉄不足の解消（特に女性。メタボ男性も割と不足）
←
3 ビタミン・ミネラル不足の解消

そして、各種の栄養不足の解消とともに、糖質オフをゆっくりと段階的に行っていきましょう。痩せタイプの人は、どの段階においても、ゆっくり着実に進めることが大切です。

すでにおわかりのように、細かい部分は違うものの、どの状況においても大まかには同じです。内臓脂肪もコレステロールもその他の多くの数値の異常は、根本にあるものが「糖質の過剰摂取」。そして、それによる体のダメージと栄養不足です。痩せていても、メタボでも、この部分は変わりません。

逆に言えば、細かい部分のアレンジは必要ですが、大きな方針としては大体同じでやっていけるのが、タンパク脂質食の特徴ともいえます。

小腹が減ったときのおいしい対策法

「ダイエットしよう！」という人の多くが経験するのが「夜に小腹が空く」という現象です。皆さんも、経験があることでしょう。私もよくあります。

その「夜中に小腹が空く」の原因と対策をざっと挙げておきます。

(1) 血糖値が下がって空腹感を感じたとき

低糖質のものを食べるか飲むかすると、解消しやすくなります。プロテインを飲む、バターコーヒーを飲む、肉や魚、卵だけをとる、などです。

(2) 疲れて意志力が低下したとき

意志力は筋肉のように疲労します。深呼吸、瞑想、軽い運動などで意志力を回復させることができます。何でもよいから自分で意志力回復効果が実感できる方法を、ひとつでも探しておくことをおすすめします。

(3) 誘因が視野に入ってドーパミン分泌！

私たちは欲望が刺激されると、脳からドーパミンが分泌されて「欲しい！　すごく欲しい！」という衝動が起きます。コンビニに並ぶおいしそうな食べ物が目に入ったときなどがそうです。

この場合、10分だけその誘因となるものを視界に入れずにおくことが有効です。すると、ドーパミンは収まり、「あれ？　さっきの〝欲しい！〟は何だったんだろう？」となります。

（4）「がんばったご褒美♡」とか思ってしまう

「がんばったから今日はこれくらい、いいよね？」というのは、典型的な「モラル・ライセンシング」です。「善いことをしたから、その分、悪いことを許可しちゃう」という心の癖です。確かにがんばったときに自分へのご褒美をあげるのは大切ですが、それは食べ物ではないものにしましょう。

糖質依存があった頃の私がよく用意していたのは「シャトレーゼ」の糖質86%カットどら焼き（右）と糖質70%カットのバニラアイス（左）。どら焼きは糖質5.3g、アイスは5g。糖質たっぷりの通常のスイーツを食べるよりずっと健康的。冷蔵庫に常備する人も。

「予防食」を用意しておく

夜の小腹減り対策で最も大切なのは、予防することです。

「ちょっとおなかが空いた……」という段階で、何かおなかにおさめてドカ食いを予防しましょう。とにかく「ガマン」すると、必ず大きな反動がきてしまいます。

糖質依存がある時期は、糖質オフスイーツを選択肢に入れる方もいます。ガマンの反動で、後で糖質をドカ食いするよりも、よっぽどマシです。低糖質なスイーツを一度に2つ食べたとしても、普通の糖質たっぷりのものを食べるよりは、よっぽど糖質が抑えられます。

私も糖質依存があった一時期は、冷凍できるタイプのスイーツをストックしていました（右ページ下写真）。冷凍してあるものは保存が効くところが便利です。

また、フルーツの中では比較的低糖質なブルーベリーも、ほぼ1年中、スーパーやコンビニで売られているので、これをストックしておくのも1つの手です。他の糖質いっぱいのフルーツを夜中にドカ食いするよりは、よっぽどマシです。

ただし、小腹が空きそうな時点でとるものは、肉や卵やホエイプロテインをとっておくのが、最もオススメです。

繰り返しますが、欲は抑えてはいけません。胃の中に糖質の少ないもの、それらの中でも、できればタンパク質をおなかに入れて、早めに解消しておきましょう。

内臓脂肪を「減らす」&「燃やす」ダブルの効果があるタンパク脂質食

タンパク脂質食で内臓脂肪はどうなるかについて、最後に振り返ってまとめてみましょう。

従来の食事は次のようなフローで、内臓脂肪が増えていました。

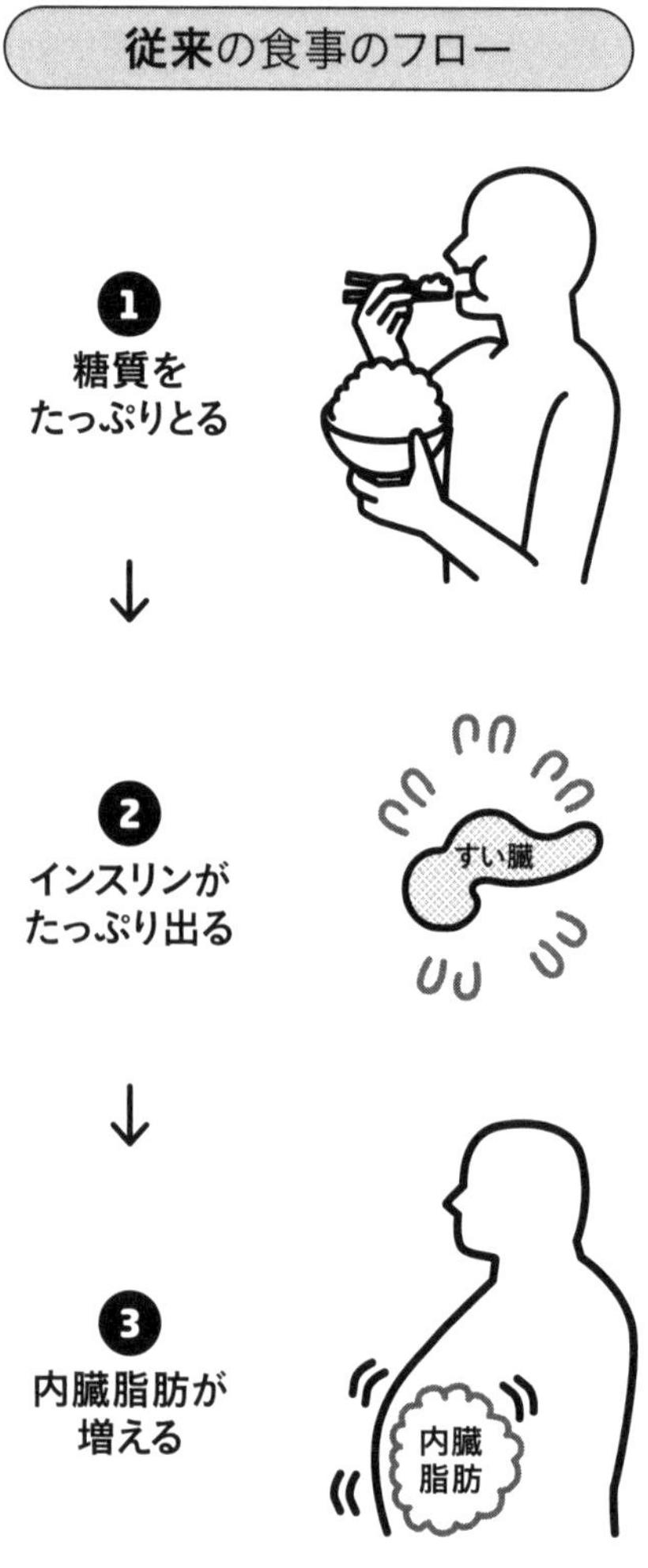
従来の食事のフロー
1
糖質をたっぷりとる
2
インスリンがたっぷり出る
すい臓
3
内臓脂肪が増える
内臓脂肪

このように、「内臓脂肪」を増やすのに最適の食事になってしまっていました。
対して、「タンパク脂質食」は次のようなフローになります。

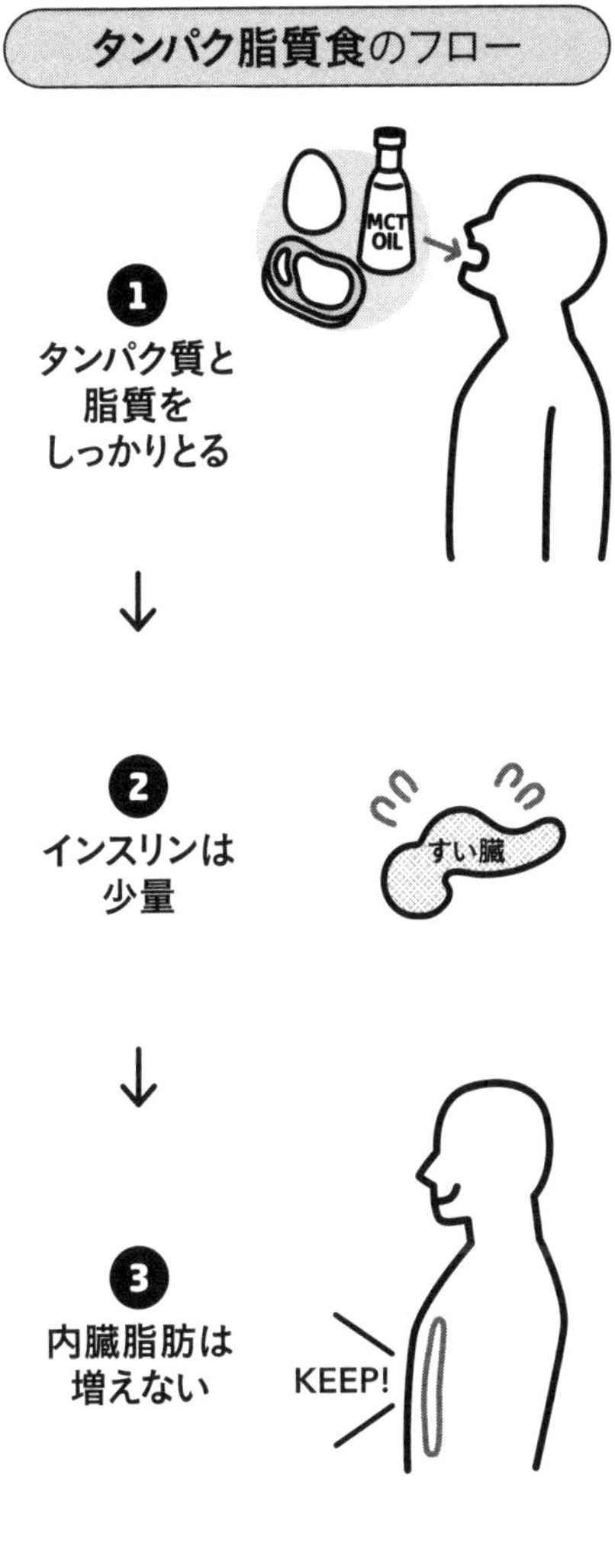
タンパク脂質食のフロー
MCT OIL
1
タンパク質と
脂質を
しっかりとる
↓
2
インスリンは
少量
すい臓
↓
3
内臓脂肪は
増えない
KEEP!

という、内臓脂肪を増やさない食事であり、タンパク脂質食では、内臓脂肪を増やす要素が消えているのがわかります。「インスリンの分泌を増やさない」、というのが大きなポ

イントです。

そして、もう一つ内臓脂肪を燃やす効果があるのが、タンパク脂質食の大きな特徴です。生きているだけでエネルギーを使うのが人間ですので、内臓脂肪を増やさずにいれば、余計な内臓脂肪はエネルギーとして消費されて減っていくことになるからです。

タンパク質
　←（糖新生）
血糖

この変換でエネルギーを使うというのがポイントです。糖質をとっていなければ、この糖新生のときに使うエネルギーは、内臓脂肪を燃やすことで作られるからです。

つまり、タンパク脂質食は、

「内臓脂肪を増やさない」＋**「余っている内臓脂肪は糖新生で使われて減る」**

という最強の布陣なのです。

ただし、注意が必要なのが、これらの「燃やす」代謝には、必要なものがほかにも結構ある、ということです。

内臓脂肪を効率よく燃やす燃焼機関のミトコンドリアは、動くのに色々な栄養素を必要とします。その代わり、効率が良いのです。マッチで火をつけて電気を得ようとするよりも、火力発電所で電気を作った方が効率が良い、ということです。

例えば、長鎖脂肪酸を燃やすのに、ビタミンCとカルニチンが必要であることは、先に述べたとおりです。エネルギーを生み出す回路を動かすために、ビタミンB群やマグネシウムなどが必要なことも思い出してみましょう。そして、水溶性ビタミンである、ビタミンB群とビタミンCが働くには、ビタミンEも必要でしたね。

こういった栄養を補うことで、始めて内臓脂肪を効率よく燃やすことができます。

また、タンパク質と脂質にも、それぞれの役割があります。

タンパク質

↓

体の修復

糖質に変換（糖新生）

脂質
←
エネルギー源

これらの役割は、非常に重要です。この重要な栄養素を積極的にとるのが、タンパク脂質食です。

一方で、糖質は一時的であり、かつ、非常時のエネルギー源です。

どうしても糖質が必要なのは、細胞内にミトコンドリアがない赤血球だけです。他の細胞は細胞内にミトコンドリアがあるため、糖質以外もエネルギー源にできます。

そして、必要最低限の糖質は、口から食べなくても、他の栄養素を糖質へと変換する、糖新生で作り出すことが可能です。

糖質の過剰摂取は、糖化とインスリンによる酸化を引き起こします。このため、糖質はオフしたままでよいし、むしろオフした方が健康的であると私は考えています。

このように、タンパク脂質食は、内臓脂肪を減らす上に健康を維持する上でも大切になってきます。

内臓脂肪が邪魔な皆さん。

タンパク脂質食で、効率よく内臓脂肪を燃やしてみましょう。

第9章

内臓脂肪を落とすための考え方

考え方が変われば、行動も変わる

成功につながる「考え方」を土台にしよう

内臓脂肪を減らすときにも、健康を維持する上でも、最も大切なことは「考え方」であることを、私はこれまでにあらゆる機会でお伝えしてきました。

ここまで色々と「内臓脂肪とはどんなものか」、「インスリンで太るしくみ」などなどのお話をしてきましたが、それらすべてよりも、大切なのは考え方です。

というのも、糖質オフが続かないケースは枚挙にいとまがないからです。

「痩せたい」という人の多くは、すでに「糖質を控えることが効果的」ということを知っていたり、実践していたりします。しかし、それで一時的にうまくいっても「続かない」ということはよくあります。

これは最も基本的・基礎的な土台の部分である「考え方」がしっかりしていないためです。

ここでは、タンパク脂質食を続けるための大事な考え方について、お伝えしましょう。ぜひ、内臓脂肪をなくすための重要な土台としてください。

考え方①「ガマンしない」

「ダイエットするぞ！」というときには、皆さん、ガマンしてしまいます。昔からガマンは美徳とされ、小さなころから家庭でも、学校でも「何かを成すにはガマンせよ」と教えられてきたことと思います。

その「ガマン」こそが、失敗の元凶だと私は考えています。

ここまでで何度も繰り返しお伝えしてきたように、ガマンすると必ずいつか反動が来ます。糖質オフで内臓脂肪を落とす方法を知っていても、ガマンの反動でリバウンドしてしまうのです。

内臓脂肪を落とし、それを維持し続けるためには、ガマンとはサヨナラしましょう。おなかが空く前に食べたり飲んだりして糖質のドカ食いを予防したり、「控えるもの（糖質）」ではなく、「積極的に食べるもの（タンパク質や脂質）」のことを考えたり、自分がなりたい姿を思い浮かべたりしましょう。

自分の欲求を押さえつけず、むしろ満たしてあげてください。

考え方② 自分の感情を認めてあげる

「つい食べてしまう」「つい欲しくなる」、こうした欲求は動物として当たり前の本能的なものです。むしろ人間として当然です。

ところが、倫理観が強い真面目な人ほど、こういった自分の気持ちを否定しがちです。「ダイエットをしてるんだから、そんなことを思うのはイケナイ」「そんなことを思うハズがナイ」などなど、です。これもガマンと同じく、必ず反動が来ます。自分を責めてしまい、自己肯定感が減り、そして誘惑に囚われやすくなったりしてしまうのです。誘惑にのってしまった後にも自分を責め続け、ますます自己肯定感が減っていく、という負のループに陥りがちです。

まずは、自分の気持ちを否定したり、押さえつけるのではなく、認めてしまいましょう。「あ、今、自分はこれをしたいんだな」「今、自分はこれを食べたいと思っているんだな」

といったかたちで、ただその気持ちがあることを認識します。

ついでに、「むしろ自分の気持ちに気づくことができた。さすが、自分」などと自分を褒めてあげると、自己肯定感が上昇します。

するとこれが成功体験になり、次回以降も無意識的に食べちゃう前に気づくことができる可能性が高まります。「無意識的で気づくこともできない」から、「気づくことができる」というだけでも、大きな一歩です。むしろ、たったそれだけの「気づき」が、今後の行動を変える可能性があります。

自分を否定し、自分を責めるのは終わりにして、自分を認め、自分の味方になりましょう。あなたこそが、あなた自身の最大の味方になれるのです。

考え方③ 意志力をケアする

意志力は筋力のようなもの、ということが、最近わかってきました。

私たちは、実に1日に数百回もの意志決定をしています。そしてその度に、筋力のように意志力を消費します。筋肉を使うと一時的に筋力が落ちるように、意志決定をする度に私たちの意志力は減っていきます。そして、消費した意志力は適切なお休みをしないと回復しません。

しかし、意志力を減らしていくよりも根本的な解決になる方法があります。それは、「そもそも意志力を使わない」ということです。「あれが欲しい・食べたい」という誘惑と「戦う」から、意志力が減ります。

（参考：『ＷＩＬＬＰＯＷＥＲ 意志力の科学』ロイ・バウマイスター著・インターシフト発行）。

また、減った意志力は、基本的にはリラックスすることで回復することがわかっています。最も簡単なのは、深呼吸です。1分間に12回以下の呼吸を3分ほどすれば意志力は回復します。他にも、瞑想をしたり、ぬるめのお風呂にゆっくり浸かったりしても、意志力を回復させる効果があります。ちなみに、お風呂に防水のスマホなどを持ち込んではいけません。ただただ、ぼーっとして下さい。

また、運動することでも意志力は回復します。簡単なのはウォーキングでしょう。なにかに「熱中する」ことも効果的です。皆さんも大好きなことに熱中したあとは気分がスッキリしていた、という経験があることでしょう。そういう点では、「時間を忘れるほど集中する」タイプのゲームで意志力が回復することもあるかもしれません。

考え方④　誘惑に無関心になる

意志力を使うことなく、誘惑に打ち勝つ最も良い方法は、「誘惑を誘惑と思わなくなる」という方法です。「戦わずして勝つのが最上」という話です。

例えば、道に違法な麻薬が落ちていたとして、使うかどうか、という誘惑と戦う必要がある人は少ないと思います。それと同じです。

「私には関係ない」「関心がない」というものに対しては、特に意志力を消費せずに済みます。それこそが、意志力を使わない状態です。

例えば、砂糖たっぷりのスイーツを見たとしても「スイーツ……特にいらないな。それより肉だよね、肉」という自己イメージを持つ人は、特に意志力を消費せず、スイーツを軽くスルーできます。これは、「自分はそういう人間ではない」という自分をアタマの中に作っているから、です。

「そんなバカな！」と思った方、だまされたと思って一度、自分が自分に抱いている自己イメージを変えてみてください。脳内に描いている「憧れのボディ」を手に入れたあなたは、どんな行動をしているでしょうか？　砂糖たっぷりのスイーツを食べるでしょうか？

その「自己イメージ」を変えてみてください。

考え方⑤　することを考える

先の自己イメージのなかで、少しでもスイーツが欲しいと感じたときには、その気持ち自体は否定せず、認めることが大切です。

でも「それでは食べ続けてしまう！」と心配になりますが、大丈夫、ガマンせずに、スイーツをスルーする方法があります。
「スイーツが食べたい」で考えを止めずに「スイーツが食べたい。それは確かにそう思う。けれど、それよりも内臓脂肪の少ないスマートボディを実現・維持するために、肉の方がもっと食べたい」と、考えを進めることです。

というのも、一度考えが浮かんでしまうと、人はその考えから意識を離すことができなくなります。この現象には名前がついていて「皮肉過程理論（ironic process theory）」といいます。

アメリカの心理学者であるダニエル・ウェグナーが1987年に提唱した理論で「何かを考えないように努力すればするほど、かえってそのことが頭から離れなくなる」というものです。ウェグナーが行った有名な実験に「シロクマ実験」というものがあります。この実験では、「シロクマのことだけは絶対に考えないで下さい」といわれた人たちの頭からシロクマが離れなくなる、といった結果が出ました。

つまり、「スイーツはガマンしなきゃ！」と考えると、もう頭の中からスイーツが離れなくなります。

脳の目標設定を司る部分（網様体賦活系）は、「否定形」を認識しないため、「否定形」は消えて「スイーツ」だけが頭に残り、いつか意志力が弱ったときに食べてしまう……ということになるのです。

頭に浮かぶこと自体を変えたり、止めたりすることはできません。だからこそ、頭に浮かぶことはそのままに、その先に考えることを変えればいいのです。その先で何を考えるかというのは、私たちが自分で選ぶことができます。

「スイーツが食べたい」と頭に浮かぶことはそのまま認め、それよりももっと大きな欲である「憧れボディのためには、肉のほうがもっと食べたい」といったかたちで、考えを上書きし、そちらの欲を満たしましょう。

考え方⑥ 目標を立てる

よく「太らない」とか「とにかく痩せたい」といった目標を立てる人がいます。残念ながら、この目標の立て方では、達成することは難しくなります。

先ほど、「脳は否定形に反応しない」ということをお伝えしたとおり、「〇〇しない」という目標は達成されにくいのです。

つまり、糖質オフは、「糖質を食べない」と意識すればするほど、失敗を引き寄せてしまいます。このため、私は「タンパク脂質食」という肯定的なフレーズを採用しました。「やってはいけないこと」に意識を向けると、先に述べたとおり、むしろそれを目指してしまいます。

どういう目標の立て方がよいのかというと、目標をより具体的に、期限も決めることです。一例としては「**○月○日までに、体重を○kgにする**」などです。そして、○kgの自分を想像しましょう。

ちなみに、「今の△kgから、○kg痩せる」という目標も達成されることはありません。頭の中でむしろ最初の△kgが残り、今の体重をキープしてしまいます。これは、心当たりのある方も多いことでしょう。

その他にも目標の立て方には、次のようなコツがあります。

- 現実的な目標にする
- 期限はやや短めなくらいにする
- 計画の見直しはどんどんする

「達成している場面」が想像できないような目標は、やはり達成できません。逆に、想像ができれば、その目標は達成の可能性があります。

また、期限は長くすると、無意識のうちにそれに合わせてしまいます。つまりダラダラしてしまうのです。このため「少し短いかな?」というくらいに期限を設定しましょう。

そして、計画というのは、計画どおりうまくいくことの方が少ないものです。その都度、計画しなおしましょう。

ちなみに、「夏休みの宿題計画式」はやめておきましょう。「夏休みの宿題計画」では、1日サボったからその分、明日のやる分を増やす、というようなことをしがちです。今日しなかったことは、明日もできません。シワ寄せをするのではなく、もう一歩、根本的な所から計画を見直しましょう。

ちなみに、計画が上手くいかなったときに、自分を責める必要はまったくありません。私たち人間は未来のことなんてわからないので、計画はズレるのが当たり前です。単にズレたことをありのままに認め、現状に合うように計画を修正しましょう。

考え方⑦ 超リアルに想像する

先に、想像ができさえするなら、その目標は達成の可能性があります、と言及しました。そして、これは「想像がリアルであればあるほど」、達成する可能性が高まります。何となくモヤモヤと想像するだけでは達成されません。

内臓脂肪を落とすなら、すでに落ちきった「憧れボディ」の自分をなるべくリアルに想像しましょう。その「リアルな想像」は、誘惑に打ち勝つときにも、あなたを助けてくれます。

また、超リアルに想像する、というのにはもう1つの効果があります。強い欲求や、リアルな想像は、行動に結びつきやすいのです。

効果的な方法としては、目標を紙に書いて持ち歩き、常に見直すなどがおすすめです。毎日、毎日、計画や目標を見直し、それを達成した状態を想像しましょう。

考え方⑧ 徹底した現実主義になる

「痩せられるし、痩せるのは簡単だと思う」という人は実際には痩せず、「痩せられるけど、痩せるのは簡単ではないと思う」という人は痩せられる、という研究があります。

リバウンドする人の多くは、変に自信を持って「痩せるなんて簡単」などと思い込んだ人達です。簡単だと思っているから誘惑を避けることをせず、そして意志力が弱っているタイミングでその誘惑に負けます。ドカ食いしても「簡単に痩せられる」と思い込み、ブレーキが壊れてしまっています。

ですが、実際には「簡単！」などと思った人ほど、リバウンドします。

徹底して現実を見ましょう。不都合なことも、認めたくないことも、一切合切を受け入れましょう。現実から目を背けるのではなく、しっかりと現実を見続けることが大切です。

考え方としては「簡単ではないけれど、自分ならあの手この手で痩せられる」という方向性こそが、望む体を手に入れ、維持することができるようになります。

第10章

内臓脂肪を増やさないパンデミック対策

免疫力を高めながら脂肪も落とす！

感染はゼロにできないから「免疫力」を強化する

さて、本書を執筆中に、COVID－19、新型コロナウイルスのパンデミック（世界的大流行）という大きな出来事がありました。社会的・政治的な対策は他書にゆずるとして、本書では「個人的な防衛術」について、説明していきます。

パンデミックに対する「個人的な防衛術」で、一般に知られているのは、

・手洗い　・マスク　・うがい

この3つくらいです。

当然、これらは有効な対策ですが、バッチリしていても感染症にかかる、ということはよくあります。感染症によく触れている医師や看護師は、この3つを徹底していますが、やはり感染症にかかります。

新型コロナウイルスでも、対策をバッチリしているはずの医療従事者が何人も感染し、命を落としています。同じように、毎年のインフルエンザの季節にもこの3つ「手洗い・マスク・うがい」は声高に叫ばれますが、結局は流行します。

はっきりいって、手洗いをいくらしても、接触感染のリスクを完全にゼロにはできません。24時間・365日、宇宙服のような完全防護服をずっと着続けることはできません。

そして、そうでなければ、気づかないうちにどこかで病原体に接触します。

宅配で届いたものに消毒液を吹きかける人を見かけましたが、それよりもずっと大切なことがあります。

それは、「免疫力アップ」です。

免疫力アップは、本書でも繰り返し出てきたキーワードです。これまでにずっとお伝えしてきた内臓脂肪を落とすための方法は、そのまま免疫力アップにつながるのです。

（1）高タンパク・糖質オフ
（2）ビタミンB・C・E
（3）ビタミンD・K
（4）ミネラル（亜鉛、マグネシウム、セレン）

タンパク質はあらゆる体の修復に必要であることは、すでに述べたとおりです。タンパク質の摂取量の目安は241ページ、ビタミン・ミネラルの摂取量の目安は248ページの表を参考にしてください。

始めて登場するセレンについては、後述します。

ビタミンB、C、Eと免疫力

この3つは、常にセットで必要です。

ビタミンEは、水溶性ビタミン（BとC）が細胞膜の中に入っていくのに必要です。不足していると、ビタミンBとCが、十分に効果を発揮できません。

ビタミンB群は、エネルギーを作り出すビタミン群です。免疫細胞も例外ではなく、B群が不足すれば、エネルギー不足で働きが弱まります。

そして、ビタミンCは、まさに免疫力と直結するビタミンです。ビタミンCは、免疫細胞の一部（マクロファージ、リンパ球、ナチュラルキラー細胞）の増殖や活性化などを促して、免疫力を高めます。その一方で、急性のウイルス感染症など、体が重度のストレス状態にある場合、体内のビタミンCが激減することが知られています。そうすると、ビタミンCが持つ酸化ダメージを防ぐ効果が減ってしまい、細胞の機能が低下してしまいます。

つまり、ビタミンCは予防としても、感染してしまってからの重症化予防としても、非常に重要なのです。

実際、ビタミンC点滴は治療にも取り入れられています。こういった情報は、日本のメディアでは流れてこないので注意が必要です。

米国・ヒューストンのメディア『Click 2 Huston』によると、ユナイテッド記念医療センターのジョセフ・バロン医師は次のように報告しました。

「コーチゾン、高濃度ビタミンC点滴、抗凝固薬を組み合わせて治療を始めてから、新型インフルエンザ重症肺炎の患者を100％救命できています。私たちの病院ではCOVID－19の死亡者はゼロです。信じるには余りにも成績が良すぎます。でもこの治療は間違いなく効果があります」

（参考：https://www.click2houston.com/health/2020/04/17/local-hospital-using-experimental-drug-treatment-in-hopes-of-saving-lives-of-covid-19-patients）

また、米国の外科医が新型コロナウイルスに感染し、ビタミンC点滴をして改善した、という事例もあります。

リッチモンドタイムズ紙電子版が「新型コロナウイルスによる重篤な肺炎で入院した外科医（バージニア州リッチモンドの血管外科医のジェフ・ブラウン医師）が、ビタミンC点滴を治療に加えたことで劇的に改善し、退院した」と報じています。

（参考：https://richmond.com/special-report/coronavirus/a-richmond-doctor-s-dramatic-story-of-covid-19-infection-hospitalization-and-survival/article_750722ad-7918-544d-bc4d-798d4560336.html）

さらに、ロサンゼルスタイムズでも次のような報道があります。

「エバーグリーン医療センター集中治療室に、新型コロナウイルスによる重症肺炎で入院、人工呼吸器、そしてECMOまで装着してもなすべくもなかった患者が、最後に高濃度ビタミンC点滴を併用することで劇的に改善した」

（参考：https://www.latimes.com/world-nation/story/2020-04-13/coworkers-save-coronavirus-doctor）

英国の医学誌「ランセット」でも「COVID－19重症肺炎患者を救命するために高濃度ビタミンC点滴も考慮する」という記載があります。

（参考：https://www.thelancet.com/action/showPdf?pii=S2213-2600%2820%2930127-2）

ビタミンCの点滴は医療機関でしか行えませんが、サプリメントで口からとるのは自宅でも可能です。

ビタミンD・Kと免疫力

ビタミンDは、免疫に関係するビタミンです。そして、感染症のリスクを下げることがわかってきています。

さらに、ビタミンDは気道の感染症に関して、下記のような効果があります。

・細菌感染症のリスクを下げるだけでなく、ウイルスの生存率や複製速度を下げる可能性のある、ある種のペプチドの産生を誘発する。

・肺の内層に炎症や損傷をもたらし肺炎や急性呼吸窮迫症候群につながる、ある種のタンパク質を減らす。

ビタミンD欠乏の場合は死亡率が高いという発表もあります。

・インドネシア国立病院の電子カルテにより、新型コロナウイルスで入院後、生存した患者400人と死亡した患者380人について、分析。

・生存した患者の93％が入院時の血中ビタミンDが正常値であったのに対し、死亡した患者では僅か4・2％のみが正常値。

・死亡した患者の95・8％にビタミンD低下（30ng／ml未満）もしくは欠乏（20ng／ml未満）。

・新型コロナウイルスによる血清ビタミンD濃度が低下しているうち、欠乏（20ng／ml未満）状態だと、正常値の人と比べて死亡率が10・1倍も高い。

ビタミンDの不足によって、リスクがかなり高まる可能性が示唆された発表です。

ビタミンKは、ビタミンDをサプリメントで摂取する場合には必須です。ビタミンDの摂取でビタミンKの消費量が増えてビタミンK欠乏症を起こすためです。

亜鉛と免疫力

亜鉛は、体内の200種類以上の酵素が働くために必要です。DNAの合成や、タンパク質を作るのにも、糖質の代謝にも欠かせないミネラルです。

そして、亜鉛が欠乏すると、免疫力が低下することが知られています。亜鉛欠乏で免疫力が低下するときには、私たちの体で次のような変化が生じています。

・胸腺という免疫細胞を成熟させる組織が縮んでしまう

（胸腺は、胸骨の裏側にある組織）

・T細胞という免疫細胞の機能の異常が起きる

（攻撃相手を認識しづらくなる）

この他にも、樹状細胞やマスト細胞といった、免疫細胞の働きにも亜鉛は関係します。欠乏しやすいのに、免疫システムの「本丸」とも言える中心部分に深く関わるミネラルが、亜鉛です。パンデミック時代には、必須のミネラルといえるでしょう。

ただし、繰り返しお伝えしているように、すべてのミネラルは過剰摂取で中毒を起こします。「とればとるほど健康になる」というものではありませんので、過剰摂取は避けましょう。

マグネシウムと免疫力

マグネシウムは、体内の700以上の酵素が働くために必要なミネラルです。先にお伝えしたとおり、エネルギー代謝にも関わるため、不足するとエネルギーが作れなくなります。免疫細胞でエネルギー不足が落ちれば、それは免疫力低下と同じです。

また、ビタミンDの重要性も前部分で説明しましたが、マグネシウムは、そのビタミンDの働きにも深く関わっています。というのも、ビタミンDの吸収と活性化のどちらにもマグネシウムが必須だからです。

繰り返しお伝えしているように、すべてのミネラルは過剰摂取で中毒を起こします。過剰摂取は避けましょう。

セレンと免疫力

ここで始めて登場するミネラルであるセレン(Selen、Se)は、セレニウム(selenium)とも呼ばれます。亜鉛やマグネシウム以上に、一般的には馴染みが薄いミネラルです。

セレンは、体内でビタミンEやビタミンCとともに、酸化ダメージから体を守っています。ミネラル中の「抗酸化力」としては、最強です。

このため、私はよく「最強の抗酸化ミネラル：セレン」としてお伝えしています。

重症感染症では、酸化ダメージが多く起こるため、セレンの働きは重要になります。

また、米国臨床栄養学会誌で「セレンが新型コロナウイルスの病原性を弱らせる可能性がある」という論文も掲載されました。

セレンも大量にとると過剰摂取による健康被害があるので、注意が必要です。すべてのミネラルはとり過ぎると中毒を起こすため、過剰摂取は避けましょう。

セレンの推奨摂取量は、1日100μgです。単独のサプリメントで摂取するとよいでしょう。

免疫力アップが鍵

さて、気をつけていても感染する「手洗い・マスク・うがい」という対策。それ以外の対策が、このような「免疫力アップ」です。抵抗性を高めれば、感染を防いだり、重症化を防ぐ可能性が高まります。

飛沫感染（咳などで飛び散って感染する）は、相手がサージカルマスクをしていてくれれば防げます。しかし、接触感染（手などで触って、自分の口などに触れて感染する）の場合は、防御が非常に困難です。

家庭内でも互いに隔離（症状がない家族も感染の可能性あり）したり、ものの受け渡しのときには、完全消毒・滅菌（滅ウイルス）くらいのことをしないと、接触感染を完全に防ぐことはできません。しかし、家庭内でこのような対策をとるのは現実的ではありません。

また、パンデミックが起きたときには、まだ治療方法がないことが通常です。今まで何度も世界を襲ったパンデミックの最中に「特効薬」的な治療が見つかり、世界中でそれが行えるといったことはありませんでした。

「ひととおり皆が感染して抗体を作る」が、人類のパンデミック終了のゴールです。

つまり、遅かれ早かれ、1度は感染する、ということです。

それに、耐えられるかどうかは、皆さん自身の免疫力にかかっています。

新型コロナウイルスでも、糖尿病などの病気がある人は重症化しやすいことがわかってきています。

パンデミック時代だからこそ、本書を参考に内臓脂肪をなくすとともに、免疫力アップを目指してください。

おわりに

締めくくりとなる部分で、まずお伝えしたいのは「反省しなくていい」ということです。とにかく真面目な人ほど、色々と反省してしまいます。本書を読んで「ああ、これはダメだったのか…」「あれも不健康だったのか…」「よかれと思ってしてたのに……」などと思うことがあったかもしれません。それは自己否定だったり、自己イメージの低下につながります。そうなると、「新しいことにチャレンジしよう！」という気力がなくなってしまいます。

自分を責める必要はありません。

「健康にまったく気を使っていない」という人の方が少ないでしょう。今までの自分のがんばりは、そのまま認めてください。その上で、今後変えていけばいいのです。

よく「自己肯定感はギャンブルの掛け金に似ている」といわれます。ポーカーで持ち金が少なければ、掛けをおりなければいけません。逆に、持ち金が多ければ、果敢にチャレンジできます。ただ、現状を「あるがまま」にとらえて、自己肯定感を高く保ったまま、新しいことにチャレンジしていきましょう。

多くの人は、何かあると行動をやめ、嘆き悲しみ、恨んだり攻撃したりします。しかし、広い視点でみれば、その先には必ず「未知なること」と「希望」があるのです。「何に考えを向けるか？」で、私たちに見える世界は大きく変わってきます。ぜひ、皆さんは本書の内容に限らず、この希望と謎に気づいてください。本書が提供する一番のものはこの「気づき」です。ここまでの情報量自体は、私たちの先に広がる「大いなる未知」に比べれば、大海の中の一滴にも満たない量でしかありません。

本書を執筆する最中に、新型コロナウイルスのパンデミックがありました。こんなことが起きるとは、私たちのほとんどが予想できておらず、突然世界が変わったかのようになりました。今まで当たり前だったことも、「感染を広げるのでやめるべき！」とされました。今後もこういった大きな変化が、その他の多くの変化と共に起きることでしょう。

そんな中でも、確固たるものを持っておくのをおすすめするのが、本書の隠れテーマでもありました。

深い理解は、確かな自信につながります。ぜひ未知なる世界を知り、それを活用してください。

最後になりましたが、本書に関わるすべての皆様に、深い感謝を。

２０２１年５月

水野 雅登

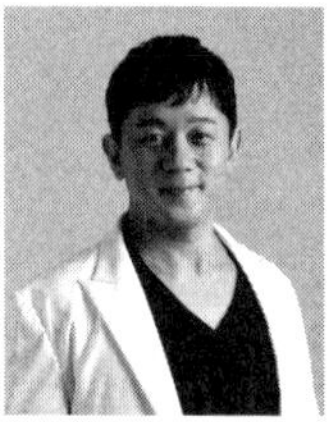

著者

水野雅登（みずの まさと）

医師。日本糖質制限医療推進協会提携医。両親ともに糖尿病家系だった自らの体の劇的な変化をきっかけに、糖質制限を中心とした治療を開始。97単位に及ぶインスリンの自己注射を不要とするなど、2型糖尿病患者の脱インスリン率100％という実績を打ち出す。糖質制限やインスリンを使わない治療法などの情報をブログ、Facebook、Twitterや講演会などで精力的に発信している。首都圏を中心に健康診断での診察も行っている。

1年で14キロ痩せた医師が教える

医学的に内臓脂肪を落とす方法

2021年5月21日　初版第1刷発行
2021年7月15日　　　第2刷発行

著　者　水野雅登
発行者　澤井聖一
発行所　株式会社エクスナレッジ
〒106-0032　東京都港区六本木7-2-26
https://www.xknowledge.co.jp/

問合先　編集　TEL.03-3403-6796
FAX.03-3403-0582
info@xknowledge.co.jp
販売　TEL.03-3403-1321
FAX.03-3403-1829